La belleza es verdad y la verdad belleza.
Es todo lo que necesitas saber en la tierra.

John Keats

Senté
a la belleza
para injuriarla,
pero ebria y sorda se ha dormido
en mis rodillas.

Tomás Salvador González

Dirección editorial: Héctor Escobar
Director de la colección: Gustavo Martín Garzo
Fotografía de cubierta: José Ramón Vega
Diseño de la colección: Miguel Riera
Maquetación: Alberto R. Torices

ISBN: 978-84-10057-89-0
Dep. Legal: Le. 67-2025
Impreso en España — Printed in Spain

Maru Bernal

La belleza de lo trágico

De la belleza (26)

marubernal @ hotmail.com

677616341

Maru Bernal

La belleza de lo trágico

Para Manuel
esta teogonía
personal de hombres
y mujeres que
caminan sobre la
tierra

Mar

EOLAS EDICIONES

ÍNDICE

PROEMIO

Y si uno hablara del invierno que mata a todos los pájaros

Agamenón, Esquilo

No conozco otro lugar en que horror y belleza estén más indisolublemente unidos que en la tragedia griega.

Todos los héroes y heroínas que se enfrentan a un destino adverso, la mayoría de las veces hasta sus últimas consecuencias, poseen instantes de auténtica, desnuda, gloriosa belleza. Fugaces destellos de luz que refulgen en la noche más oscura para salvarnos por un instante del abismo.

La vida se impone así frente a la muerte. La belleza es, sin duda alguna, efímera —nos repiten los dioses una y otra vez—, pero también es cierto que nuestra efímera, fugaz y gloriosa mortalidad, es la que, sin embargo, más nos envidian los inmortales.

Hablar de la belleza de lo trágico es hablar de todos y cada uno de esos frágiles pájaros que matará el invierno y que, no por ello, dejan de sobrevolar, audaces, los lugares más recónditos en los que puede adentrarse el ser humano.

I

DEL LINAJE DE LOS ATRIDAS

CLITEMNESTRA

Un corazón de mujer con pensamientos de hombre
(*Or.*, Esq.)

Una discreta luz otoñal incide sobre la galería. Estalla en las cárdenas heridas de unas brevas demasiado maduras que se estrían sobre el platillo de palma. El cuchillo reposa en el centro de la mesa, su filo algo mellado es una nota discordante en la demorada placidez de la tarde. Algunas moscas, ajenas a la teatralidad de la escena, se posan, ávidas, sobre los melosos frutos. El terral, inclemente, agita esteras de esparto.

Un espeso dulzor impregna toda la estancia: «esta luz placentera, engañó nuestra mente»… (*Or.*, Esq.).

La mujer se acerca a la ventana. Limpia meticulosamente sus manos manchadas de sangre en los bordes de la falda, alisa los pliegues del manto, recompone el gesto. Una brisa ligera alivia la agitación de su pecho mientras recoloca algunos mechones en el sobrio recogido de su cabello. Se apoya en el alféizar. Trata de contener el involuntario temblor del cuerpo. Su mirada fatigada reposa unos minutos en los extensos campos de olivares.

La venganza se ha cumplido y, allá afuera, aguarda el verdeo.

«Qué propio de mujer dejarse levantar el corazón» se exclama en el *Agamenón* de Esquilo. Clitemnestra baja la guardia, deja que el abrazo de la tarde envuelva su dolor, tamice la dureza de sus rasgos, acalle los remordimientos.

Esta mujer con pensamientos de hombre tiene hoy los ojos secos, el sueño ligero, la rabia en los pies y una amargura de antaño en las comisuras de la boca.

En la estancia contigua sigue goteando la sangre, la bañera de piedra caliza se tiñe de rosa pálido.

Ella ha sabido siempre cuál es su lugar. Cómo no iba a saberlo siendo la hermana de la mujer más bella de Grecia. En estos diez años de ausencia ha tenido tiempo de sobra para revivir el día de su compromiso con Agamenón. Recuerda que salió a su encuentro con el corazón en vilo, un sudor frío en los miembros, la mirada asustada, el corazón desbocado. El poderoso guerrero la tomó de la mano, indagó un instante en sus límpidos ojos grises y renovó sus votos asintiendo con la cabeza. Justo entonces se congeló la escena. Como una auténtica *dea ex machina* irrumpió en el patio su hermana pequeña. Llevaba el pelo suelto, la túnica recogida sobre las rodillas, un cesto de ciruelas rojas entre los brazos y esa risa esplendorosa de los últimos coletazos de la infancia. El tiempo se detuvo. Cesaron las felicitaciones, las copas quedaron suspendidas en el aire. Su prometido le soltó la mano y volvió la vista hacia Helena. Esa mirada furtiva bastó para que ella viviera desde entonces relegada a un indiferente segundo plano.

En este día del asesinato de Agamenón destaca sin embargo su sobria elegancia, el grácil movimiento de sus caderas, el porte erguido, la curvatura del cuello, la vivacidad de su mirada.

Ojos ardientes como ascuas cruzan lomas, sobrevuelan cultivos y campos baldíos desde la sagrada ciudadela de Troya hasta el abrigado puerto de Áulide, único refugio posible para su dolor.

Clitemnestra abandona la galería, sale decidida de la casa y emprende por última vez el camino acostumbrado.

Cada atardecer, desde hace diez años, esta mujer ha subido, obstinada, la misma colina. Ha oteado el horizonte, ha sentido el salitre del nordeste, el regusto amargo del terral, el dulzor de la calma al mediar la noche. Desde la cima ha aguardado, día tras día, el final de la guerra, la vuelta de los hombres a casa.

La mujer y la espera. Dos realidades indisolubles en la tragedia griega. Ellos parten a sus gestas, ellas crían a los hijos, guardan la casa, cuidan de los campos y aguardan pacientes el regreso del héroe.

El sendero asciende, abrupto, por terrazas de allozos y algarrobos. Clitemnestra camina a paso ligero, casi con urgencia, sintiendo la aspereza de la piedra bajo sus pies descalzos.

Necesita sentir algo, lo que sea, aunque ese sentimiento le genere dolor. Pretende llegar hasta el mismísimo vientre de la madre tierra. El lugar exacto que guarda celosamente la preciada sangre de su hija, «quien puede reclamar la negra sangre de una muerte cuando cae al suelo ante los pies de un hombre».

Corría la niña aquella mañana al encuentro de su padre con los brazos extendidos. Sonrisa a flor de piel, rodillas magulladas por las matas de jara, una confianza absoluta en la entrega a su ejecutor.

Recuerda su madre que la primavera recién estallaba en los campos cuando Ifigenia se precipitó a la muerte «derramando hacia el suelo su vestido teñido de azafrán», mientras «lanzaba de sus ojos un dardo lastimero a cada uno de los oficiantes».

Un reguero de ciclamen encarnado se extendió alrededor del ara del sacrificio. La leve brisa que anunciaba el ansiado *meltemi* se detuvo un segundo para enmarcar su rostro infantil, el pavoroso asombro de sus ojos garzos fijos en los de aquel mal hombre, el sordo reclamo del viento doblando la colina… «lo que siguió ni lo he visto ni lo cuento».

Clitemnestra no estuvo allí ese día para escuchar sus gritos, abalanzarse sobre sus captores, hurtar el frágil cuerpo de su hija al hacha del verdugo. Cuentan que la muchacha temblaba como una cervatilla.

Desde entonces su madre sube una y otra vez esa fatídica colina. Necesita reproducir lo que sucedió aquel día, precisa revivir la tragedia, armarse de valor, afilar el cuchillo, aguardar hasta la noche la llegada del venturoso heraldo con noticias de la caída de Troya, del regreso a casa, del final dela espera.

En la tragedia griega los mensajeros son los encargados de transmitir las peores nuevas, las órdenes más terribles. También de narrar los crímenes más ominosos, aquellos que suceden fuera de la vista del espectador. Incluso los dioses desdeñan ocuparse «de los hombres que quebrantan la gracia de lo inquebrantable» (*Or.*, Esq.).

Clitemnestra sufre la muerte de su hija *ob scaena*, apartada de la escena del crimen, en un conveniente, discreto segundo plano.

Se desgranan años junto a la ventana, se suceden las cosechas, se aprende a vivir sólo con lo puesto. El precario alivio de un amante complaciente, la mirada reprobatoria del resto de sus hijas, el silencio que campa a sus anchas por la casa, el denso olor a rancio, la salmuera del tiempo.

De vez en cuando el ademán de alguna de ellas se asemeja al de Ifigenia.

Se desata entonces impetuoso el latir de su corazón. Vuelve Clitemnestra a revivir el fatal instante en el que recibió la mala nueva, el gesto compasivo del infortunado heraldo, la delicadeza de aquellos extraños al depositar a sus pies el cuerpo exánime de su hija.

Rasga de nuevo su carne el eufórico clamor de los guerreros, la locura que los invadió a todos cuando la flota consiguió partir ufana hacia la guerra. Al mando iba su esposo Agamenón, ordenador de huestes, del muy poderoso linaje de los Atridas.

Durante estos diez años de espera, ella ha oficiado incansable su particular ritual. Asciende descalza la ladera, llega sin aliento hasta la cumbre, restriega la piedra del altar, se desolla las manos. Ha aprendido bien cómo se llora en silencio. Sabe apretar los labios, horadar el horizonte, erguir la cabeza, cruzar los brazos sobre el pecho y aguardar.

Algunas tardes se revuelve, culpable, ese viento

maldito del norte que sesgó a Ifigenia de un solo golpe, una vida por toda una flota, «vientos de mala espera, de hambre, de mal anclaje» (*Or.*, Esq.).

Y es entonces cuando Clitemnestra se ancla más firme a la tierra si cabe, sostiene un pulso al infinito y lanza maldiciones al etesio, al azul del cielo, al *meltemi* de mala hambre. La fuerza de un propósito, la belleza de la determinación.

Tendrá que librarse una guerra al otro lado del mar para que una hilera de fogatas alumbre la comitiva de vuelta a Micenas. Desde la arrasada ciudadela de Troya hasta el férreo corazón de esta mujer enraizada en la colina se van prendiendo las hogueras, una tras otra. La señal del regreso. La justa hora de la venganza.

El reflejo de las llamas ilumina el altar y parece que Ifigenia bailara, leve, en la noche, como un pájaro en el aire.

Al crepitar de la última hoguera a las puertas de Micenas, Clitemnestra baja a zancadas de rabia la colina, quiere salir cuanto antes a su encuentro, ser la primera en recibirlos. Sus rizos se sueltan, deja caer el manto, los pies descalzos arden bajo las piedras.

Esta tarde de otoño nada importa ya salvo ese cuchillo mellado que descansa sobre la mesa, la pulida bañera de piedra caliza, el agua turbia, la respiración agitada de la mujer mientras limpia meticulosamente sus manos manchadas de sangre.

Ha llegado el tiempo de la cosecha. La vida prosigue su curso.

CASANDRA

Ay río Escamandro de mi patria! Un día en tus riberas crecí, desventurada en mi crianza.

Agamenón, Esquilo

Qué saben los pájaros de redes y de cazadores, la inocencia es osada y «en el mundo invisible no hay defensa alguna» (*Or.*, Esq.).

De mundos invisibles sabe demasiado la vidente Casandra, otra víctima más de los horrores y desafueros de la guerra.

Casandra es de una belleza frágil, etérea, evanescente. También es una lengua afilada que rasga los múltiples velos de la mentira, esa frontera sutil entre lo real y lo imaginario, lo presente y lo venidero.

Un espíritu libre, espléndida en su locura, con esa audacia irrefrenable que la conmina a lanzar vaticinios como si de dardos envenenados se tratasen, directos al corazón de hombres y mujeres que, en la desgracia, se dejan llevar por los funestos vendavales de Ate.

Es el suyo un hermoso, fugaz vuelo suicida desde las costas de Ilión hasta las llanuras de Micenas, para caer, mortalmente abatida, a los pies de una mujer. La mujer que aguarda impasible, erguida en su torre, la vuelta de aquel mal hombre que segó la vida de su hija.

Clitemnestra los ve llegar desde lejos, ya se lo había anunciado uno de los vigías. Detiene el vareo de las aceitunas. El delantal cae al suelo, las piedras laceran sus pies descalzos. En el curso de la carrera se desprende la cinta que recoge su cabello. Debe ser la primera en recibirlos.

Él está algo más viejo, ademán huraño, mirada torva y un porte altanero que la mide de arriba abajo cuando ella se acerca, discreta, a besarle la mano.

La muchacha va detrás, renqueando, parece que cojea, lleva el vestido hecho trizas y el cabello enmarañado.

Sus miradas se cruzan durante unos segundos.

Casandra vislumbra en los ojos de la griega su propia muerte. Repara en la falsa humildad de la reina, presiente la traición que los acecha, reconoce la insoportable hondura de su dolor. Clitemnestra se refleja asombrada en las límpidas pupilas de la muchacha. En ese breve cruce de miradas, tiene la absoluta certeza de que la troyana, inexplicablemente, sabe lo que va a suceder al cabo de unas horas. Se sorprende de que no trate de huir o de que no la delate inmediatamente ante su esposo. En esa sola mirada acaban de sellar un acuerdo tácito. Cada una se atendrá a su destino.

La muchacha ni siquiera responde a su saludo. Le tiemblan las manos, se muerde los labios, murmura sonidos ininteligibles. Inclina la cabeza y cruza los brazos bajo el pecho en un gesto instintivo de defensa.

Clitemnestra siente compasión de la bárbara, pero su lealtad no está con ella. La empuja con cierta brusquedad al zaguán y la deja en manos de las mujeres de la casa. Tienen órdenes precisas de acabar con su vida. No volverá a verla.

Agamenón aguarda impaciente en el dormitorio. Ella esboza una media sonrisa, le sirve una copa de vino, ordena llenar la tina de piedra con agua bien caliente. Esparce un manojo de lavanda, cierra las contraventanas y se dispone a agasajar a su añorado, querido esposo, con el baño ritual de bienvenida.

Casandra, princesa de Troya, sacerdotisa del flechador Apolo.

Una muchacha presa del desvarío que asume su muerte en tierra extranjera con la resignada inevitabilidad que le otorga su clarividencia. Se sabe abocada a su destino, no tiene posibilidad alguna de escapatoria, acaso un punto de rebeldía cuando se ve a sí misma arrastrar el paso vacilante hasta la daga.

Lamenta abandonar la vida demasiado pronto. Sufre el desgarro de los suyos, el rechazo de los extraños, el estigma de saberse señalada hasta el último día por el engañoso don de Apolo.

La consuela la certeza de la muerte inminente de su enemigo, el comandante del ejército invasor.

De algún modo esa mirada las ha convertido hoy en cómplices. La troyana entiende bien cada una de las razones de la griega. La profunda desesperación que la consume desde el sacrificio de su hija, la urgencia por recibir a su esposo, su irrevocable decisión de ajusticiarlo, el precario alivio que sentirá tras su muerte, la alargada sombra de la culpa que la perseguirá hasta el final de sus días. Otro de los muchos rostros de la locura.

En la hora de su muerte en Micenas, la mirada de Casandra se detiene, ávida, en la higuera henchida de frutos. La cálida luz el sol se filtra entre las hojas, las moscas vuelan en círculo sobre las brevas, el cuchillo mellado reposa en el centro de la mesa.

Se cuida de atesorar en la retina hasta el más mínimo detalle. El asomar del mar entre los fértiles olivares, la caída del día sobre el vinoso ponto, la hora mágica del atardecer.

Casandra desearía llevarse consigo toda esa belleza. Atesorar un último rayo de luz para el preciso instante en que la hoja atraviese su pecho y otra víctima inocente vuelva a teñir de intenso rojo azafrán la dorada tierra de Argos.

ELECTRA

Mira las crías del águila ahora que su padre ha muerto entre los anillos de una víbora terrible.

Coéforas, Esquilo

Los lazos de sangre anudan la tragedia griega en múltiples vueltas y revueltas que no acaban de encontrar ese primer cabo necesario para que se devane del todo la maraña.

La historia de Orestes y Electra es un largo periplo de dilatadas anagnórisis. Dos hermanos en búsqueda continua de su propia identidad. La perpetua añoranza el uno del otro, la ausencia dilatada, el anhelo del regreso, el *nostos* de Orestes, el dolor de Electra. La belleza del reencuentro.

Ahondan los héroes griegos en la nostalgia. Ese sentimiento lo embarga todo, lo tamiza de una luz especial, la que hemos perdido en algún recodo de nuestra infancia.

Compartir un vínculo de sangre ahuyenta la aterradora certeza de sabernos solos en el mundo, sobre todo si ese mundo es tan hostil como lo es el de la casa de los Atridas.

Electra es una mujer hecha de sombras, de espacios cerrados, de pasos sigilosos. La furtividad de la noche reposa en la oscura cascada de su trenza. El esbelto manto de su cuerpo encubre cualquier atisbo de lascivia, la mirada baja urde la trampa, esconde el rencor y se alimenta, con descarnada voracidad, de la espera.

Es la suya una espera autodestructiva, heredada de su madre Clitemnestra. Una espera desgarrada que confiere un sentido trascendental a toda su existencia, pero que también la precipita, inexorablemente, al encuentro de la muerte.

Según el determinismo griego nadie puede escapar a su destino y es por ello que, cada día arrebatado a ese aciago *fatum*, posee una belleza especial. El preciado valor del presente, la inexorable fugacidad de la vida humana.

Electra, una mujer líquida, un junco que se cimbrea al arrullo del agua. Sus gráciles brazos perfilan el cántaro que lleva de casa a la fuente cada mañana. Vive exiliada del hogar materno, suspendida en el tiempo, a la espera anhelante de su particular vengador, su hermano Orestes.

Electra impenetrable, hermosa cuando llega a la ribera. Se descalza en elegante equilibrio sobre las lajas del río, entra despacio en el cauce del agua.

Lava su ropa junto a las mujeres del pueblo y quizá, sólo quizá, sonríe ante el chismorreo de alguna comadre. Asiste, apartada del resto, a las intimidades del dormitorio de una exultante recién casada, a las nimias rencillas entre vecinas, a las dudas y cuidados de la que acaba de ser madre. Algunas veces incluso se ríe de sí misma, sorprendida del repentino alivio que siente al escucharlas.

Al mediodía dobla cuidadosamente la colada en el lebrillo y sube ligera el sendero hasta la casa. Aspira la fragancia del cantueso, recoge del suelo un puñado de almendras, mastica una rama de hinojo para mitigar el ardor de sus labios resecos.

> Yo misma habito en casa de un bracero con corazón ajado, expulsada de la casa materna en las cárcavas del monte (*Or.*, Esq.).

Electra entra diligente en la cocina. Saluda a su joven anfitrión, esquiva la devoción de su gesto, mide cada una de sus palabras. El muchacho le ofrece un vaso de agua y se sienta con ella en el filo del banco. Desde el día en que le fue encomendada a su cargo, guarda una absurda distancia entre ambos, la que se exige a sí mismo, la que quisiera romper en mil pedazos cuando ella lo toca en un descuido y él se estremece.

Ni siquiera aparece especificado en la obra de Eurípides el nombre del labrador.

Se desvincula así de los protagonistas de la tragedia para hermanarse a aquellos que sirven, dóciles, a la trama, tanto si la desvelan como si la propician: el anciano, el mensajero, el siervo, el bracero.

Electra convive con ese bracero en calidad de huésped. Comparte su comida, escucha su respiración fatigada al otro lado de la cortina, encogida ella en su camastro, ovillado él en la bancada junto a la lumbre.

Un joven amable, de mirada franca, los brazos recios del que cultiva orgulloso su propia tierra, el cabello ensortijado, las manos anchas, calientes, el pecho curtido por el sol, la cintura firme cuando se asea en la alberca.

Electra observa a la sombra de la higuera cómo el agua va acariciando los surcos de su espalda. Quisiera entonces desprenderse hasta de su sombra, enterrar el mito bien hondo bajo tierra, sorber cada centímetro de piel anudada a su cintura. Ojalá supiera cómo dejar en el olvido tan épicos crímenes y tan cumplidas venganzas. Cuando el muchacho se lava en la alberca, Electra se somete en silencio a la rotunda belleza del deseo; por unos instantes le asalta la posibilidad de tomar otro camino, la tentación de esquivar la funesta rueda del destino.

Algunas tardes el joven escancia para ella un vaso de vino, abre un cerete de higos secos, inicia una conversación trivial, alarga el final del día, la merecida placidez del descanso tras una dura jornada de trabajo. El dulzor de la fruta prohibida entre sus dedos, el sutil estremecimiento de los cuerpos. Apenas separados por dos cuartas de distancia, absorben en silencio el hálito del mar que se incendia colina abajo, tal como se inflaman ellos al caer la noche, cada uno a solas en la intimidad de su lecho.

¿Dónde terminará, encalmada, la cólera de Ate? (*Or.*, Esq.)

ORESTES

Ya se acerca el oscuro carro de la noche y es hora de que los caminantes busquen anclaje en casas hospitalarias.

Coéforas, Esquilo

Un rizo de cabello castaño y una huella familiar sobre la tierra removida son las únicas pruebas que necesita Electra para colmar esa ansia de amar y ser amada.

Ha crecido en la cara norte, dura y esquiva como la mala hierba, a la sombra de una madre desatenta, hurgando siempre en vicios ajenos. Se ha convertido en una mujer temerosa de su presente, angustiada por su futuro, implacable con los crímenes del pasado.

Quizá le duela a ella más que a nadie esa distancia autoimpuesta, los estrictos límites de su dolor. «Por esta tu condición de persona mayor soltera y desventurada», como señalará su propio hermano momentos antes de darse a conocer.

La llegada de Orestes implica mucho más que ese ansiado reencuentro con el vengador del padre o el ejecutor de la madre.

Su llegada, imaginada una y otra vez, abre la válvula de escape a tanto odio contenido, la perentoria necesidad de jugar su última baza por la vida.

Orestes es protector y adalid, amigo, hermano, tal vez el sueño frustrado de un amante. Aparece ante sus ojos como el joven relevo del padre perdido que se reencarna en su propio hijo para ofrecer consuelo ante el desamparo.

Porque Electra es, sin duda alguna, la viva imagen del desamparo. Ha sido desde muy joven víctima de la violencia, heredera de los errores cometidos por sus progenitores. Orestes ha logrado escapar del horror, ha sido criado fuera de Micenas, puesto a buen resguardo por ser varón y legítimo heredero del trono. Regresa, ya adulto, con dos pruebas irrefutables bajo el brazo: una huella familiar y un rizo de cabello castaño depositado piadosamente ante la tumba de su padre Agamenón.

Es esa ofrenda la que su hermana ha llevado a casa, la que arranca esta tarde destellos de sol junto a la artesa de la cocina.

La muchacha está amasando una hogaza de pan. El suave movimiento de sus manos mezcla la harina con el agua del cántaro. Su mente está enfebrecida. Confunde la dorada piel del bracero con el rostro desconocido de su hermano. Alberga la esperanza de que uno de los dos consiga sacarla de su mortal letargo.

Un forastero saluda desde la puerta entreabierta. Observa emocionado el cotidiano ritual de Electra volteando la masa. Se descalza para quitarse el polvo del camino, pide permiso para descansar unos instantes en el banco de piedra, junto al ventanal de la cocina

«La vida toda de los mortales es vacilación». Así debió ser el pulso entre los dos hermanos segundos antes de reconocerse. Un destello fugaz en la mirada de ella, un ademán familiar en el gesto de él, el tono de la voz, la similitud de los rasgos, la urgencia en la piel: «abrazarse es algo placentero para quienes andan cerca de la muerte».

Orestes es el primero en romper el hechizo. Da unos pasos hacia delante, entra en la casa, sortea la artesa, envuelve a su hermana entre sus brazos. Electra sofoca un grito, respira hondo en el hueco de su pecho, reconoce su olor, saborea su nombre en voz baja, «tú que tienes el nombre más dulce y deseado para una hermana y una única alma con ella».

La luz entra sigilosa por la puerta entornada para ser testigo de ese instante único. Se suaviza el rictus de la muchacha, se distienden sus miembros, se quiebra el quejumbroso devenir de los días.

En entonces cuando aparece en escena el bracero. Se acerca despreocupado hasta la casa, observa el morral del forastero apoyado en la pared. Se detiene en el umbral para contemplar tan épica imagen con el corazón en un puño. Su mano se abre involuntariamente y un ramillete de espliego cae al suelo.

Este cuadro tan íntimo del que no da cuenta la tragedia clásica anticipa el triángulo amoroso que volverá a representarse siglos después, en otro lugar, en otra época.

Quiero imaginar así a la Novia y a Leonardo, estrechados en la penumbra, mientras otro bracero enamorado sorprende la furtividad de su abrazo.

El Novio doblega su rabia, se muerde los labios, deja caer su ramillete de espliego en el umbral de la puerta.

Orestes y Electra, la Novia y Leonardo. Todos ellos conjuran un breve quiebro de paz, un intenso vínculo amoroso frente al terrible vendaval de odio y sangre que los volverá a separar irremediablemente.

> Se abrasa lumbre con lumbre.
> La misma llama pequeña
> Mata dos espigas juntas.
> ¡Vamos!
>
> *Bodas de sangre*,
> Federico García Lorca

El destino es implacable. Las Erinias resultan amantes celosas y no admiten rival alguno, «¡Vamos!», le conmina Electra a su hermano Orestes, «es la hora de la venganza».

Orestes trata de retener en vano a su hermana, alarga el abrazo, demora la despedida, se aferra a la inusitada dulzura del reencuentro:

> Sí, quiero corresponder con amor a la ternura de tus brazos. ¿Por qué voy a avergonzarme ya, triste de mí? Dulce pecho de mi hermana, dulce abrazo,

sólo estas expresiones de afecto, en lugar de hijos y lecho matrimonial, nos quedan en nuestra desventura (*Or.*, Esq.).

De esperanza se nutre también el imaginario trágico que, al fin y al cabo, no es otra cosa que el espejo de nuestra propia condición humana.

IFIGENIA

Los mitos que asustan a los hombres son convenientes para el culto de los dioses

Electra, Eurípides

La heroicidad de toda víctima propiciatoria reside precisamente en la magnánima aceptación del sacrificio impuesto, medio necesario para la salvación del conjunto de la comunidad.

Su entrega voluntaria a tal aciago destino la enaltece ante la divinidad que exige esa ofrenda cruenta. En ocasiones provoca incluso la compasión divina y quizá hasta un indulto *in extremis*, dos reacciones poco frecuentes entre las deidades, y por ello, de gran impacto trágico. La intervención de la diosa Artemis con respecto a Ifigenia es la misma que tuvo Yahveh con Isaac, unos segundos antes de que su padre osara alzar su brazo contra él.

También para los dioses hay acciones contra natura, como lo es el que un padre atente contra la vida de su propio hijo, acciones que resultan del todo inadmisibles.

En esos casos el castigo se arrastra de generación en generación. Se celebran juicios divinos para redimir a los homicidas. Se envían Erinias, furias vengadoras que persiguen la atormentada conciencia de los que cometieron semejantes crímenes. Se convoca a Euménides para redimir a los hijos que sobrellevaron bajos sus hombros la carga de ese destino o liberar a los nietos que heredaron el terrible estigma. El linaje de los Atridas es un claro ejemplo de todo ello. Arrastra tras sí la ignominia del infausto banquete de los hijos de Pélope. El odio sempiterno entre hermanos. El rey Atreo sirve en la mesa como manjar los restos despedazados de sus sobrinos ante su desventurado hermano Tiestes.

Atreo, progenitor de Agamenón y Menelao. Atreo, abuelo de Ifigenia, Electra, Orestes y Crisótemis. Atreo, fundador de la preclara estirpe de los Atridas.

Ifigenia es una señal premonitoria que recorre en volandas el concurrido puerto de Áulide.

Testigo doliente del imperdonable atentado de los hombres contra la ley divina, advertencia de un castigo futuro que se irá transmitiendo de generación en generación.

Sobrevuela su último hálito vital las cóncavas naves mientras en lo alto se agita el estandarte del *meltemi*. Los hombres están dispuestos a matar por ese golpe propicio de viento.

Desean conquistar una gloria incierta tras su muerte en combate y quizá alcanzar, gracias a ese etesio impulsor de naves, la tan preciada inmortalidad.

Ifigenia es consciente del inmenso poder que han depositado en sus manos al poco de recibir la noticia de la inmolación. Ofrece una resignada templanza ante la muerte. Esa templanza la dota de una belleza intangible, belleza que sortea incluso la afilada hacha del verdugo.

Compasión e indulto. La mirada benevolente de los dioses se ha detenido en esta ocasión sobre el altar de Artemisa.

Pero volvamos al principio. Apenas ha dejado Ifigenia de ser una niña pegada a las faldas de su madre cuando recibe la noticia de su supuesto compromiso con el valeroso Aquiles, rey de los Mirmidones.

> Está bien que yo, que la di a luz, entregue a mi hija (*Ifig. en Ául.*, Eur.).

Esa madre, dura como el pedernal, la mece amorosamente entre sus brazos, trenza sus cabellos con flores blancas, canturrea en voz baja tonadas de himeneo y sueña para la joven un destino mejor que el suyo, cuando, en unas horas, entrelace su destino al del poderoso hijo de Peleo, el héroe de los pies ligeros.

Con un tosco engaño de pedida de mano mantiene Agamenón a su esposa apartada del sacrificio.

A un crimen nefando se suma el agravante del encubrimiento. Un artero desgarro al vórtice de cualquier madre. Alimenta así la hoguera del odio, la que su mujer avivará contra él durante diez largos años.

Pero no adelantemos acontecimientos. Esta mañana de finales de verano, con la calma chicha de meses sin viento, las mujeres apilan ánforas rebosantes de provisiones, revisan fardos de ropa, rellenan odres de vino.

La novia ha terminado de vestirse cuando se arrodilla frente a su madre para que adorne su cabello con pétalos de jazmín. Clitemnestra canturrea buenos deseos en voz baja. Ríe aliviada ante la premura de su pequeña por correr al encuentro de su primer amor. Madre e hija se dejan llevar al unísono por esa adolescente ilusión en los estrechos vínculos del matrimonio que rara vez proporcionan felicidad a las heroínas griegas.

Los ojos de la joven saltan brillantes en la acequia del patio. Sus manos aletean en un continuo ir y venir del pecho a la cintura. Su imaginación febril ha coronado ya la colina que desciende hasta el puerto. Sin haberlo visto jamás, ha reconocido entre la multitud la leonada cabellera de Aquiles, sus anchas espaldas, sus piernas torneadas por el sol, el refulgir de su armadura entre la extensa hueste de su padre.

Es esta otra escena inédita, íntima. Una *rara avis* de cotidiana familiaridad en medio de una terrible *Orestea*, un instante de calma antes de que se desate la tormenta.

La ternura de la madre, la expectación de la hija, la mera posibilidad del amor.

Nos sorprende la risa fácil de Clitemnestra ante la espontánea alegría de la muchacha, la paciencia con la que le recoloca el peplo, anuda sus sandalias, recoge los rizos indómitos y los vuelve a entrelazar, paciente, en la corona de flores.

> Tremenda cosa es ser madre; infunde un gran hechizo de amor que impulsa a sufrirlo todo por sus hijos (*Ifig. en Ául.*, Eur.).

Clitemnestra sólo pudo ser madre para Ifigenia. Sus otras hijas, Crisótemis y Electra, la perdieron el día en que su hermana desapareció de sus vidas.

Ese día su corazón se secó hasta la última gota. La risa de su hija todavía reverberaba, cristalina, en el fondo de la acequia del patio. Se agriaron las ánforas de vino, se pudrieron los sacos rebosantes de viandas —nadie osó tocarlas—. Sus hermanas se escabulleron para crecer a la sombra, cada una en su rincón.

Desde la primera noche tras la partida del ejército aqueo se encendieron antorchas en el puerto.

Ancianos y mujeres vigilaron atentos el curso de los vientos. Todos los que no embarcaron ese día con la flota, aguardaron, impávidos, año tras año, el regreso de aquel mal hombre.

> Zeus dispone un viento distinto para unos y otros, para que unos hombres se alegren con sus velas hinchadas, haya para otros pesar, para otros necesidad, unos zarpen, otros atraquen, algunos se retrasen. El destino es algo difícil de enfrentar para el hombre (*Ifig. en Ául.*, EUR.).

También resulta difícil para las mujeres enfrentarse a su destino. Ven pasar su vida amarradas a tierra, tejiendo y destejiendo la trama del regreso, alguno temido, otro deseado, la mayoría complejos, como suele ser el cúmulo de peripecias y cambios de fortuna que recorren la tragedia griega de principio a fin.

Cuentan que cuando el hacha del verdugo iba a caer sobre el ara del sacrificio, Ifigenia fue transportada en volandas a través del límpido éter a uno de los santuarios de Artemis. En su lugar se inmoló un cervatillo. La diosa evitó su muerte, pero también la separó de su familia.

Hay una gran confusión, tanto en el mundo divino como en el humano.

Confusión ante la pérdida. Temor de ser arrancados de nuestra matriz, separados de quienes una vez nos amaron. En el destierro, perdemos el precario refugio de la infancia, la seguridad del hogar, la confianza en la bondad humana.

Desde el lejano país de los Tauros, Ifigenia, nueva sacerdotisa de Artemis, lamentará no haber podido despedirse de cada uno de los suyos. Creía que se encaminaba hacia su boda, que volvería pronto, que los podría abrazar de nuevo.

Compasión e indulto. Exilio y soledad.

Volvamos la vista atrás una última vez al día de su sacrificio. El *meltemi* acababa de desatarse. La flota de los argivos parte hacia la guerra con un propósito claro.

Arrasar la sagrada fortaleza de Ilión.

II

SAGRADA ILIÓN

LEVANTA LA CABEZA

¿Y qué otra cosa produce mayores lamentos que abandonar las fronteras de la patria?

Electra, Eurípides

Vagar como una perra sin dueño por la tierra calcinada. Olisquear muertos bajo cada piedra. No cejar en el empeño de poner un pie tras otro. La huida sin retorno, sin otra meta que la de continuar avanzando hasta caer al suelo y no levantarse más.

La fortaleza de Hécuba frente al dolor es inconmensurable, de una absoluta belleza trágica desde su primer hasta su último lamento. Encarna el prototipo de la mujer destrozada por la guerra a la que le han arrebatado todo, excepto el aire que respira, el que la conmina a seguir alzando la cabeza para ser testigo de un horror que no cesa.

Una anciana se convierte así en el último baluarte de Troya. Símbolo de resistencia que enarbola su grito a los cuatro vientos mientras silban las flechas y el mundo entero se derrumba a su alrededor.

Su tenacidad, a pesar del sufrimiento, es también su personal alegato en defensa de la vida: «No es lo mismo morir que seguir viviendo. Lo uno significa la nada, en lo otro hay esperanzas» (*Troy.*, EUR.).

Mientras las llamas devoran la ciudad, en la playa se desata un incendio de luz tornasolada, ruge la pleamar volteando los guijarros, un pavoroso cielo color de grana anuncia la llegada del tramonto, el compasivo manto de la noche que cubre por igual a víctimas y verdugos.

Estamos ante el colapso de una civilización. Asistimos al exterminio de todo un pueblo, a la deserción de sus dioses, salvo esos humildes penates que Eneas tratará de salvaguardar de los rescoldos para ofrecerles una nueva patria en la futura Roma.

En este día de muerte y desolación destacan dos escenarios claramente diferenciados. En la ciudad arrasada, montones de cadáveres señalan, cual hitos del camino, las casas que habitaron, el trazado ya borrado de sus vidas. En la playa tomada por el ejército aqueo, las supervivientes de la masacre se yerguen irredentas entre los bagajes y las naves, cada una con su propia historia, desafiando el incierto mañana que las aguarda.

Hécuba es el Corifeo de todas estas heroínas de carne y hueso. Piedra angular, voz y aliento, motor incansable para seguir abogando por la vida:

> Levanta del suelo la cabeza… con todo… adelanta tu pie hacia las naves aqueas (*Troy.*, EUR.).

A su servicio, un atribulado mensajero griego. Taltibio es el encargado de volcar las funestas noticias, cada una más terrible que la anterior. Esa empatía que muestra para las vencidas le confiere nombre y entidad propias, convirtiéndose quizá en el personaje más amable de las *Troyanas* de Eurípides.

Consigue transmitir con prudencia, se diría que casi con pudor, las implacables órdenes del ejército aqueo. Hay delicadeza en cada una de sus palabras, cierta desgana ante las ingratas tareas que le asignan, una discreta disposición de ánimo para tratar de suavizar el horror. Taltibio se siente impotente ante la despiadada jactancia que exhibe la victoria.

Un cadáver tras otro es lo que debe depositar este buen hombre a los pies de la anciana, hasta que a Hécuba no le quede más remedio que convertir sus frágiles huesos en un exiguo refugio donde acunar los cuerpos sin vida de cada de uno de sus hijos.

Transforma así su dolor en una cálida madriguera, un alcorque regado por lágrimas que vuelve a sembrar los frutos truncados de su vientre «tierra nodriza de hijos, tierra caída por la lanza, el nombre de esta tierra marcha a la oscuridad» (*Troy.*, Eur.).

Quizá haya que descender hasta lo más hondo para poder rebrotar de nuevo. En medio del horror debe existir un lugar y un tiempo para la esperanza. La desolación más absoluta precisa de un hálito de vida.

Hécuba se relame las heridas, olisquea muertos en la playa, aúlla, grita, clama, quizá sin saberlo, un desgarrador canto de cisne, descarnado alegato universal contra todas las guerras, la suya y las venideras.

ANDRÓMACA

Me bastaba con tener en mí misma un maestro honesto, la inteligencia.

Troyanas, Eurípides

Andrómaca, la de níveos brazos, esposa de Héctor Priámida, madre abnegada, mujer de corazón ardiente y prudentes palabras. Hasta su nombre la precede, «la que lucha como un varón», la que se defiende de la barbarie con uñas y dientes, la que se asoma cada amanecer a los muros de Troya para ver partir a su hombre con el corazón en vilo y un nudo en las entrañas.

Es una mujer espigada, reflexiva, de semblante serio y tenacidad inquebrantable. Cada tarde, con el declinar del sol sobre la sacra ciudadela de Ilión, faja a su hijo bien prieto en una toca de lana y abandona a hurtadillas la estancia.

Héctor suele volver de la batalla en esa hora imprecisa del ocaso, luz velada, contornos difusos. Experimentado jinete de oro y ámbar rasga con sus corceles de guerra la delicada tregua del horizonte.

Los esposos se intuyen incluso antes de verse.

Él conoce el punto exacto en el que ella lo aguarda. Desciende de la montura, se dirige a su encuentro con paso resuelto, acaricia levemente el rostro de Astianacte. Besa a su mujer en los labios, se demora en sus ojos expectantes, más profundos que el mar cuando se duerme, más oscuros que las llanuras empapadas de sangre en Ilión.

El héroe busca en la hondura de esa mirada un resquicio para la tregua o una exhortación que lo conmine a volver de nuevo al combate. Al divino Héctor domador de caballos se le acaban los argumentos que lo alejan de su esposa y de su hijo cada mañana.

Sus cuerpos permanecen entrelazados después de hacer el amor, el tibio olor a leche en los labios del pequeño. Honor, deber, sacrificio, devoción a dioses y familia. Palabras que resuenan, huecas, en las losas del patio, que se dejan atrás cuando cae al suelo la broncínea armadura del esclarecido

Héctor y se abre el delicado peplo de la hija del magnánimo Eetión. La reciprocidad de sus sentimientos, el fuego de la pasión, la intimidad del lecho, la urgencia del deseo, la concupiscente cercanía de la muerte.

Asoma inclemente la Aurora, esa diosa de rosáceos dedos que cruza indiferente campos teñidos de sangre. El niño se revuelve inquieto en su cuna. Héctor se levanta remiso para acudir a la señal de los heraldos. Andrómaca se aferra a él como una loba, lo aprisiona entre sus piernas, hunde el vientre en sus caderas. Maldice la furia del guerrero que prevalece sobre la ternura del amante.

Repetirá su queja más tarde en las almenas de la muralla. Lo hará para condenar esta y todas las guerras que acaezcan en siglos venideros. Gritará su indefensión y su dolor en esos encendidos, bellísimos hexámetros del canto VI de la *Ilíada*:

> Desdichado, tu furia te perderá. Ni siquiera te apiadas de tu tierno niño ni de mí, infortunada, que pronto viuda de ti quedaré. Pues te matarán los aqueos, atacándote todos a la vez. Y para mí mejor sería, si te pierdo, sumergirme bajo tierra. Pues ya

no habrá otro consuelo, cuando cumplas tu hado, sino sólo sufrimiento:

¡Héctor! Tú eres para mí mi padre y mi augusta madre, y también mi hermano, y tú eres mi lozano esposo. ¡Ea!, compadécete ahora y quédate aquí, sobre la torre. No dejes a tu niño huérfano, ni viuda a tu mujer.

Esta mañana, sin embargo, se los susurra a su esposo en la penumbra del cuarto, sin que nadie más los escuche, sin testigo alguno de este íntimo ritual que celebran cada día como si fuera el postrero. Héctor llama a su mujer con todos y cada uno de sus nombres, los que conocemos y los que sólo a ellos atañen. La posee con desesperación, con la misma rabia con la que se entrega a su destino. La ama sin esperanza alguna, con la desgarradora ternura que le inspira esa mujer que todavía sabe reír entre lágrimas y ese niño inocente que hoy se asusta del penacho que adorna el casco de su padre, y que, pronto, será otra víctima más de la barbarie, los mal llamados daños colaterales.

Tras hablar Héctor, en los brazos de su esposa puso a su hijo, y ésta lo acogió en su fragante regazo,

> entre lágrimas riendo. Su marido se compadeció al notarlo, la acarició con la mano, la llamó con todos sus nombres y dijo:
>
> Ve a casa, del combate se ocuparán los hombres. Su esposa marchaba a casa volviéndose de vez en cuando y derramando lozanas lágrimas (*Il.* VI. Hom.).

Andrómaca perderá a su esposo a manos del divino Aquiles, caro a Zeus. Perderá a su hijo, despeñado desde lo alto de las murallas de la ciudad. Perderá su patria cuando sea arrastrada por el proceloso ponto camino de Grecia, su libertad al servicio de los conquistadores. El desgarro del exilio.

Sin embargo, esta mujer de tantas y tan enormes pérdidas que lucha como un varón, sabe recomponerse. Andrómaca resurge de sus cenizas, busca un lugar amable en la nueva tierra, acepta los avatares de la fortuna, es capaz, incluso, de darle un hijo a Neoptólemo, su nuevo amo, el hijo del asesino de su esposo.

Cuando todos duermen en su nuevo hogar, ella se escabulle hasta alcanzar el templo de la divina Tetis, una gruta marina bañada por la pleamar. Una vez allí, se acomoda en la roca y deja que el agua acaricie sus tobillos. Cierra los ojos, se hace un ovillo sobre sí misma, recuerda.

Vuelve a su memoria ese preciado instante en que Héctor la acarició con tristeza, la llamó por todos y cada uno de sus nombres, se despidió de ella. Recuerda cómo regresó a casa con el corazón encogido, volviendo la cabeza de tanto en tanto para retener en la memoria la imagen amada, para no olvidarlo jamás. Las lágrimas caían, mansas, sobre su pequeño, bien fajado entre sus brazos.

Algunas noches revive también el día exacto en que le arrebataron a ese hijo. Nunca había sentido tanto dolor en el vientre, ese inmenso vacío del alma:

> ¿Hijo mío, lloras? ¿Por qué te aferras a mis brazos y te ases a mi peplo como un pajarillo que se cobija en mis alas? Dulce olor de tu cuerpo… abraza ahora a tu madre —nunca lo volverás a hacer— recuéstate contra ella, entrelaza mi espalda con tus brazos y acércame tu boca (*Troy.*, EUR.).

¿Quién osaría arrancar un hijo del regazo de su madre?

Hasta entonces había dado por supuesto que

Astianacte y ella eran un solo ser, indivisible, inseparable, una de esas inamovibles estatuas de cuarzo y salitre hincadas en la playa de Troya.

Cuando los aqueos consiguieron arrancárselo de sus níveos brazos, Andrómaca dejó por fin de resistirse. Se detuvo el forcejeo, se cubrió la cabeza con el manto, hundió sus rodillas en la orilla y permitió que sus profundos, inescrutables ojos negros rodaran, cuerpo abajo, hasta enterrarse en la arena, más amarga que la hiel.

Deífobo

Eneas, héroe fundador de Roma, en su descenso a los infiernos de la mano de la Sibila, llorará la suerte de su cuñado Deífobo, el hermano predilecto de Héctor:

> Valeroso Deífobo... supe que, en la última noche de Troya, después de haber hecho gran matanza de griegos, caíste rendido sobre un montón de cadáveres; entonces yo mismo te erigí un cenotafio en la playa Retea, y tres veces invoqué tus manes en alta voz; allí están tus armas con tu nombre; pero a ti ¡Oh amigo! no pude verte ni sepultarte, al partir, en la tierra patria (*En.* VI. 494 ss).

Una tumba vacía en una playa lejana es todo cuanto queda de este joven príncipe, el primer despojo del naufragio de la guerra, otro hijo más que llorar, otro fruto truncado que vuelve a la tierra nodriza de Hécuba.

Hace apenas unos meses, ese mismo muchacho respiraba agitado en el umbral del himeneo. No lograba encontrar el coraje necesario para levantar la mirada del suelo y fijarla en su flamante mujer, la bellísima Helena de Troya, viuda de Paris.

Deífobo tiene el rostro afilado, ojos trigueños, miembros elásticos, un tic nervioso en la pierna, el coraje de un auténtico guerrero. Es hábil con el arco y la espada, inexperto sin embargo en los lances del amor. Apenas ha tenido tiempo de algún que otro breve escarceo con las muchachas de palacio. Desconoce cómo comportarse frente a esta mujer altiva que apenas le dirige la palabra.

Ha crecido en la guerra, se siente a gusto en el campo de batalla, siempre dos pasos por detrás de su hermano, guardándole las espaldas, velando por su seguridad.

Ha imitado sus tácticas de combate, su fiereza frente al enemigo, esa férrea determinación por seguir con vida un día más.

Envidia el profundo amor que siente Héctor

por su familia, su ternura para el pequeño Astianacte, el apasionado abrazo a su esposa cuando se reencuentran en lo alto de la muralla cada atardecer.

Por todo ello, Deífobo ha aceptado complacido la mano de la orgullosa huésped de Troya. Quiere sentir junto a la espartana el mismo cuidado con el que Andrómaca examina a su hermano al regreso del combate, su temor a encontrar nuevas heridas, la dulce intimidad de la alcoba, el precario consuelo en medio de la guerra.

El joven invita a Helena a acercarse al lecho nupcial con un gesto tímido. La dura luz de agosto se filtra por el ventanal, arroja destellos dorados en el suelo de tierra apisonada, juega, sugerente, con los cobrizos mechones de la novia.

Ella se queda donde está, de espaldas a la luz, sentada en un trípode taraceado de marfil y maderas preciosas. Rígida, ausente, dispone sus manos una sobre otra, los pies bien alineados. Una hierática estatua de mármol, la viva imagen de una diosa.

¡Estas pruebas me dejó de su amor!

Pasan las semanas y ahora es Deífobo el que sale a luchar dos pasos por delante de Héctor. Tiene un brillo extraño en la mirada, precipitación en sus movimientos, ansia desmedida por matar, rabia en el combate, un encarnizamiento irracional contra sus enemigos. Héctor se esfuerza por retirarlo de la llanura, hacerle retroceder sobre sus pasos, apartarlo del campo de batalla. Parece que Deífobo no tuviera otro empeño que perseguir a la mismísima muerte.

Cae la noche y en lo alto de la muralla tan sólo se divisa la figura de Andrómaca.

El joven atraviesa a regañadientes las puertas Esceas. Restriega su piel manchada de sangre en el pilón del patio, pide ropa limpia, manda pulir sus armas. Cuando ya ha cumplido con todas sus tareas entra receloso en la alcoba. Allí lo espera su mujer, sentada en su trípode, la mirada fija en el horizonte, el porte regio, los labios cerrados, su encono en el rechazo. Deífobo tiene la sensación de que tan solo abraza una imagen, un *eidolon*. La verdadera Helena hace ya tiempo que abandonó Troya.

El muchacho deposita un cuenco de uvas frescas en la mesilla, roza su frente con un beso, musita una disculpa. Lamenta no haber sabido alcanzar su corazón, no haber podido atravesar sus defensas. Esa es su mayor derrota.

Durante la toma de la sagrada Ilión, Deífobo perderá la vida a manos de Menelao, rey de Esparta, primer esposo de Helena.

Ese día, mientras la ciudad arde en llamas, el despechado aqueo irrumpe como un vendaval en el infausto tálamo para saciar su sed de venganza.

Cuentan que ella le facilitó la entrada, que abrió las puertas de palacio, que dejó inerme a Deífobo ante el furor de su enemigo. Era tan grande el dolor de Helena por la muerte de su amado Paris que ver reflejado en su hermano pequeño su misma forma de caminar, la curvatura del cuello o el color de sus ojos se había convertido en una auténtica tortura.

La única manera que había encontrado para respetar su memoria había sido quedarse sentada en ese trípode, impasible, rígida, aparentemente insensible a los torpes requerimientos de su joven esposo.

Es ahora, con el cuerpo todavía tibio de Deífobo entre sus brazos, cuando se da cuenta de su error, del sin sentido de casi todo lo vivido en estos últimos años, de lo que daría por dar marcha atrás y poder empezar de nuevo.

Perfila con delicadeza cada una de sus heridas, restaña la sangre con un paño húmedo, musita una plegaria. Helena se dobla sobre sí misma, se deshace en llanto por la muerte del muchacho, derrama dulces palabras en sus labios entreabiertos, cubre piadosamente su cuerpo con una sábana.

Pero ya es demasiado tarde. Tarde para casi todo. A Helena, o quizá fuera sólo a su imagen, le queda una única carta por jugar.

Recupera la compostura, alza los ojos hacia su esposo, recoge con determinación algunas pertenencias y se dispone a abandonar la tierra que la ha acogido durante toda una década. Sólo le resta seguirlo. Su destino en otras manos. Siempre ha sido así para ella.

En la playa abarrotada de guerreros ebrios de victoria, busca con la mirada a las troyanas cautivas. Se detiene un instante ante Hécuba, la toma de los hombros, inclina la cabeza, esboza un gesto. La anciana asiente sin pronunciar palabra. Apenas queda tiempo para los reproches.

Helena recompone su máscara, recorre la orilla con paso decidido mientras se despide en silencio de cada uno de sus muertos.

A empellones consigue hacerse un hueco entre el griterío, las carreras, el humo de los fuegos, el trajín de los animales, el hedor de la muerte, los desquiciantes lamentos de los vencidos. Ha llegado la hora de embarcar junto a Menelao en las veloces naves de vuelta a Esparta.

Su mirada recorre por última vez el dantesco escenario de la playa de Troya. Vacila unos segundos antes de aceptar el brazo que le tiende obsequioso Menelao desde cubierta. Con los ojos enrojecidos, la piel marcada y el corazón enterrado en la arena de Ilión, Helena decide dar definitivamente la espalda a su pasado. Alcanza resuelta la pasarela, abraza con determinación su futuro y se aferra desesperadamente a la vida.

Polidoro

De los hijos menores de Hécuba, dos de ellos, pródigos hasta en sus nombres, Polidoro, «el de los muchos dones», y Polixena, «la muy hospitalaria», encontraron su última morada en la mar. Fragmentados despojos del naufragio de la guerra, fueron ambos cuerpos quebrados que la marea acogió en su regazo hasta que pudo devolvérselos de nuevo a su madre.

Polidoro es un «niño de la guerra», evacuado de la ciudad sitiada para perpetuar la estirpe troyana. Ajeno a la tragedia, fue acogido por Poliméstor, un antiguo amigo de su padre Príamo. Creció al amparo de la sagrada ley de la hospitalidad, un deber para todos y cada uno de los pueblos griegos. En un principio, su anfitrión pareció recibir de buen grado a ese joven huésped depositario de las riquezas de Troya. Sin embargo, la suerte del muchacho corrió pareja a la de la contienda.

Polidoro suele pasarse las horas muertas en el barrio de pescadores, le gusta escuchar las alegres habladurías de las rederas mientras remallan y reparan nudos. En el muelle, pesca calamares a caña con los chiquillos del pueblo. Cuando vuelven las barcas de faenar, se deja caer por la cantina a escuchar las historias que cuentan los marineros viejos frente a una buena frasca de vino. Alguno aseguró haber estado en la mismísima Troya.

Vagabundea sin horarios ni deberes regios entre las callejas del puerto y las terrazas de frutales, en completa libertad, todavía con un plato caliente en la cocina y un techo bajo el que resguardarse de la intemperie.

La belleza de lo cotidiano, la sucesión de días en hilera, la urdimbre humana que nos sostiene, la rutina como libertad condicional, el amparo de la comunidad, el cobijo que se nos otorga.

Algunas veces el muchacho acompaña a su guardián a vigilar la recua de cabras. Poliméstor es un hombre extrovertido, vocinglero, algo fanfarrón, con una mirada aviesa que no acaba de gustarle. En cuanto termina sus deberes para con el patrón, se escabulle con cualquier excusa. Baja corriendo hasta al embarcadero, echa una mano a las mujeres en sus quehaceres, nada con los chiquillos, se adormece a la sombra del cañizo. Al caer el sol se vuelve a pasar por la cantina para beber a escondidas un par de tragos de vino. Le resulta amargo pero lo sorbe ruidosamente sólo por la satisfacción de recibir algún que otro pescozón cariñoso de parte de Dimitris, el capitán de la vieja tonnara.

Un mal día llegan a Tracia noticias de la caída de Troya.

Poliméstor baja al malecón en busca del muchacho. Sorprende su tono impaciente al recogerlo, el gesto brusco con que agarra al chico por el brazo, sus andares precipitados para evitar preguntas. La gente se agolpa, curiosa, frente a las puertas de la casa grande. El silencio enconado del rey hiela la sangre. Polidoro cruza el patio con los ojos arrasados de lágrimas mientras la puerta se cierra a sus espaldas como una losa sobre la tumba.

Pasan los días y al preciado huésped no se le ve rondar por el puerto, pescar en el muelle o colarse en la cantina. Al cabo de una semana, Dimitris sube a palacio a inquirir por su paradero. No obtiene respuesta alguna. Parece que se lo hubiera tragado la marea:

> Yazgo unas veces tendido sobre la costa, otras veces en el reflujo marino, llevado de aquí para allá por los muchos vaivenes de las olas, sin ser llorado, sin tumba (*Héc.*, Eur.).

El rehén ha perdido su preciado valor. La codicia de Poliméstor se ha impuesto sobre la sagrada ley de la hospitalidad.

Al cabo de varias semanas, recién atracadas las naves aqueas en su travesía de vuelta a casa, Dimitris sorprende a una mujer anciana arrodillada en la playa que se cubre nariz y boca con el dorso del manto. Sus movimientos son convulsos. Su cuerpo se mece de atrás hacia delante en una extraña coreografía. Las manos mesan, convulsas, sus cabellos blancos. El discordante quejido de una gaviota interrumpe su planto. La mujer lanza un grito al aire y vuelve a empezar.

A sus pies, expuesto por la bajamar, descubrimos el cuerpo hinchado del más pequeño de sus hijos varones, rubia cabellera ensortijada de algas, dedos largos, transparentes, esa marca de tres puntas en el nacimiento del cuello, la evidencia de la traición, la desoladora impotencia ante la derrota.

Hécuba llora a sus muertos.

Hasta finales de la guerra, Polixena ha permanecido a salvo. Ella nunca salió de las murallas de Troya, sabe pasar inadvertida. Una chiquilla flaca de inquisitivos ojos grises que ha logrado mantenerse al margen de los grandes acontecimientos y decisiones de los adultos.

Menuda, escurridiza como un ratoncillo de campo, ha encontrado su lugar entre las siervas de la casa. Ayuda a cardar la lana al mor de la lumbre, prensa ceretes de higos secos, trenza pleita, aliña aceitunas en las oscuras galerías del sótano. A finales de primavera se recogen hierbas para la botica. Cada año que pasa la provisión es mayor. De las vigas de cualquier corredor de la casa cuelgan ramilletes de jara, cantueso, salvia o manzanilla y de un tiempo a esta parte todos los suelos están cubiertos de tomillo y romero para alejar el pestilente olor de la muerte…

Polixena es una niña solitaria que crece al cuidado de viejas nodrizas, confiada en la natural benevolencia de cuantos la rodean.

Sólo una vez fue formalmente requerida por sus padres.

El resto de sus hermanos ya había muerto en presencia de Hécuba o se encontraban lejos de Troya. A salvo del horror sólo quedaba ella, la muchacha de ojos inquisitivos que había logrado sobrevivir desde su rincón al inexorable curso de la guerra.

Polixena no constituye un botín de gran valor. Destaca, quizá, su cintura estrecha, la facilidad para desaparecer sin dejar rastro, su conquistada intimidad dentro de los amplios muros de palacio. Su mayor tesoro es una caja desportillada que esconde celosamente bajo el cobertor. Allí guarda una avefría de madera de olivo que le talló su hermano Héctor, la punta de flecha que le dio Polidoro antes de partir, la cinta de seda de su hermana Casandra, una fíbula de hueso que Deífobo se dejó olvidada en la palestra.

Guarda también algunos, pocos, recuerdos felices. Tardes de verano junto al río Escamandro, el aroma de los dulces de invierno, las risas y juegos con sus hermanos antes de que su infancia, la de cada uno de ellos, se viniera abajo. Esa caja custodia la inocencia de Polixena, la que se llevará a la tumba como su bien más preciado.

La joven esgrime con delicado orgullo el escudo de su virginidad frente al sinsentido del sacrificio. Será otra novia más inmolada ante la tumba de su prometido, como lo fue Ifigenia. Vuelve a ser Aquiles, destructor de hombres, el que exige, esta vez desde el Reino de los Muertos, una última ofrenda, la vida de la princesa troyana.

> No separes de mis brazos a mi hija. Basta con los que están muertos. Con ella estoy contenta y me olvido de mis desgracias. Ella es para mí alivio, ciudad, nodriza, bastón, guía del camino. Como hiedra de una encina, así me agarraré a ella (*Héc.*, EUR.).

Hécuba se enraíza firme a la tierra, abraza a su hija, trata de protegerla con los secos sarmientos de sus huesos. Aspira a bocanadas el dulce aroma de su piel. Su corazón agitado se acompasa al tenue latido de la niña, un pajarillo que bate inerme sus alas en el pecho de su madre.

Son dagas afiladas los juramentos de la reina. Maldiciones impías contra los soldados aqueos, imprecaciones a sus rencorosos espectros. Hécuba ya no tiene nada más que perder. Se atreve en su desvarío a desafiar al mismísimo dios de la guerra: «¡Cuándo terminará el vendaval de Ate!»

Las mejillas de Polixena empalidecen. Levanta temerosa la cabeza, se aparta del pecho de su madre, seca sus lágrimas con el dorso de la mano. Siempre ha evitado ser el centro de atención así que mejor acabar cuanto antes, retirarse a su acostumbrado escondite, o a cualquier otro, a salvo de miradas ajenas.

Fija la muchacha sus ojos en las tranquilas llanuras del agua. Se diría que la risa fraternal de Polidoro la requiere desde el arrullo de otra playa bañada por la marea. Le habla de lugares más amables, de un suave deslizarse mar adentro, hasta lo más hondo, a resguardo de la cólera de los hombres.

> Ella, desplomándose sobre la tierra al fallarle las piernas, conservó sereno el semblante hasta los últimos momentos de su tránsito, y aun entonces tuvo el cuidado de cubrir las partes que debían estar ocultas, cuando caía, y de mantener el decoro de su casto pudor (Ovidio, Libro XIII, *Metamorfosis*).

El ojo avizor del águila, testigo omnipresente de Zeus, planea en círculos sobre la escena. Si remontamos con ella el vuelo semanas y millas mar adentro, divisaremos a Dimitris, el viejo capitán de la tonnara, que asiste, en respetuoso silencio, al duelo de esa mujer de rostro desgarrado y cabellos blancos que acaba de desembarcar de las naves griegas.

Una anciana de luto arrodillada sobre la arena. Un cadáver a cada lado de su figura enjuta. Ojos fieros, el cuerpo en tensión, manos como garras sobre los tristes despojos de sus hijos. Nadie osa acercarse a ella ni menos aún arrebatarle sus presas.

Hécuba aúlla a sus muertos. El mar oficia de plañidera.

III

TEBAS, LA DE LAS SIETE PUERTAS

ISMENE

Conservas un corazón ardiente en situaciones heladoras.
Antígona, Sófocles

En las horas de más calor, su tío Creonte arrastra las piernas hinchadas hasta el dormitorio, deja caer la gruesa cortina que tamiza la dureza del sol y ordena que nadie lo moleste. Su tía Eurídice coge el cesto de labor y sale al patio. Un cubo de agua fresca del pozo, un cestillo de dulces y su rincón favorito bajo la higuera. El ritmo de trabajo se ralentiza. La madeja rueda del regazo al suelo. Los párpados se cierran. Su cuerpo se ladea hasta encontrar el acomodo acostumbrado en el hueco del árbol. Es la hora sagrada de la siesta.

En esa quietud de la calma chicha, las dos hermanas salen a hurtadillas de la casa. Corren hasta la orilla del río, saltando de bancal en bancal. Sus livianos peplos se enredan en las rodillas, las sandalias se llenan de guijas. Tienen prisa por alcanzar el cauce, una felicidad apenas contenida entre risas y jadeos, esa conquista diaria de unas horas de libertad. Se arremangan para entrar en el agua. Llegan hasta el dique que han ido construyendo en el remanso del arroyo. El lugar exacto donde anida el cormorán, el escondite favorito de las anguilas.

Esta tarde es especial. El edicto del viejo rey corre en boca de todos. Estricta prohibición de enterrar a los muertos. La pestilencia de los cadáveres pudre las áridas llanuras de Beocia. El rostro, todavía atónito, de su hermano Polinices comienza a desfigurarse por el intenso calor y la saña de las aves carroñeras.

En el dique del río, dos muchachas tientan al destino. La resignación de Ismene se diluye al contacto del ardiente corazón de Antígona en situaciones heladoras.

Discuten acaloradamente sobre las lajas. La pequeña está atemorizada. Apenas sabe cómo argumentar la descabellada proposición de la mayor, esa mujer apasionada que no parece detenerse ante nada ni ante nadie.

La gruesa trenza de Antígona se deshace en el fragor de la disputa, sus manos hienden el agua, baten el aire en una danza frenética que acaba por hipnotizar la despavorida mirada de Ismene.

Quisiera esta tarde la corriente del río contenerlas a ambas en su paternal abrazo. Quizá presienta la fluvial deidad el terrible desenlace de este último acto de la tragedia tebana. La culpa que se transmite de generación en generación. La intransigencia del anciano que dormita en su cuarto. La sumisión de su esposa Eurídice. La temeridad de la primogénita de Edipo; su terca, obstinada, confrontación al edicto proclamado por el tirano.

«¿Cuál es el riesgo que hay que correr?» implora una y otra vez Ismene a su hermana, aunque conoce bien la respuesta. Es una muchacha obediente que recibe sus pequeñas dosis de felicidad sin salirse jamás del guion asignado, dentro de los límites de un confortable anonimato. El precio no parece demasiado alto. Pasar siempre por la vida de puntillas, no hacerse notar, no suscitar el interés de los poderosos.

Antígona rodea sus hombros con un gesto protector mientras Ismene se disculpa entre llantos e hipidos por el hermano que todavía yace insepulto: «no tengo más remedio que hacer lo que hago, me someteré a los dictados de quienes están instalados en la cúspide el poder, pues el realizar acciones superiores a las posibilidades de uno no tiene sentido alguno» (*Antíg.*, SóF.).

Asume, resignada, sus propias limitaciones, su excesiva prudencia, que quizá pueda confundirse con cobardía. Sabe que no es una mujer impulsiva, tampoco osada, pero se compadece de todo cuanto sucede alrededor. Admira y teme a su hermana a partes iguales. Ismene busca su pequeño lugar en el mundo a resguardo de las alimañas. Quieta, callada, con esa confianza tan suya e ingenua en la benevolencia que quiera traerle el acostumbrado devenir de los días. La belleza de lo intrascendente.

Sólo una vez hallará Ismene la fuerza necesaria para pasar a la acción.

Esa tarde, sin embargo, ambas salen del río cogidas de la mano. Apenas se dirigen la palabra de vuelta a casa, cada una absorta en sus pensamientos. La menor es hija de la tierra humilde. La mayor lleva en su corazón una torrentera de agua desbordada.

Al día siguiente Ismene espera en vano a su hermana a la hora de la siesta. Los minutos pasan, angustiosos, junto a la Puerta Preta. Al cabo de un buen rato se arma de valor y corre a la cocina a preguntar a las mujeres. El pálpito de lo ocurrido le sube, ácido, por la boca del estómago antes de que ellas empiecen siquiera a mover los labios.

Antígona ha sido sorprendida celebrando ritos fúnebres junto al cuerpo de Polinices. La traen maniatada ante el tirano. Pesa sobre ella condena de muerte.

Es en ese momento cuando Ismene carraspea nerviosa, sale de las sombras que la protegen, adelanta el paso. No concibe un futuro sin su hermana. No es capaz de renunciar a todas y cada una de las tardes de confidencias, juegos, risas junto al río.

Esa es la única arma que esgrimirá en su impulsivo arrebato de valor. El temor a una vida sin

Antígona. Alza discretamente la voz y pide compartir la suerte de su hermana:

> Metida tú de lleno en una tormenta, no me da vergüenza compartir contigo una navegación que entraña tan alto riesgo (*Antíg.*, Sóf.).

Antígona rechaza con firmeza su ofrecimiento. Algunos piensan que peca de orgullosa o que la pierde su obstinada soberbia. Sólo su hermana sabe del incondicional amor que siente por ella, de su instinto innato de protegerla, de tratar de mantenerla a salvo de depredadores, de evitarle cualquier sufrimiento innecesario.

Desde el otro extremo del salón de audiencias, Antígona la conmina a callar con un mínimo gesto. Antes de que se la lleven los guardias, se acerca sin embargo a abrazarla y deposita en su mano la irisada cinta de su trenza.

Basta ese abrazo para salvaguardar todas y cada una de las horas compartidas. Eso es lo que se lleva con ella, eso es también lo que le ofrece a Ismene, los recuerdos más felices, las dos juntas en el remanso del agua, esa intimidad compartida que sólo a ellas pertenece.

Todos los allí presentes contemplan, emocionados, la íntima despedida sin necesidad de palabras, grandes aspavientos ni llantos fáciles, manifestaciones que parecen tan propias de las mujeres. Estas dos muchachas —apenas hace unos meses dejaron de ser niñas— resultan demasiado extrañas, se diría que no pertenecen siquiera a la familia.

No se intercambian promesas ni reproches, no se mesan los cabellos ni se abrazan a las rodillas de su tío implorando el perdón. Se limitan a observarse fijamente por última vez, como si quisieran memorizar cada una los rasgos de la otra , se acarician con delicadeza, se hermanan en el silencio. Un silencio que constituye su particular rebeldía frente a todos los que doblegan la cabeza ante el tirano: «es igual de grave el silencio en demasía que el constante griterío sin sentido. También en el demasiado silencio hay a veces gravedad».

La puerta se cierra tras la mayor. Aprieta la pequeña contra su pecho la cinta de seda en el puño cerrado.

Al cabo de unos minutos de confusión, sin que nadie se percate de su ausencia, Ismene abandona la estancia. Sus pasos ligeros apenas resuenan en la galería. Confía en el pronto reposo de los muertos, en la precaria paz que hoy le ofrece este silencio.

HEMÓN

No le compete en absoluto separarme de lo que es mío.
Antígona, Sófocles

Es un verso que sale de boca de su prometida, pero que bien pudiera haber sido pronunciado por el joven e impetuoso Hemón, hijo del rey Creonte.

Hemón defiende la vida de Antígona porque cree que esta le pertenece. Sus padres se la han ofrecido en matrimonio. El placer anticipado que imagina tras la pronta celebración de los esponsales lo empuja a rebelarse contra su padre. Aboga por la vida de la muchacha con la fogosidad propia de la adolescencia, se diría que incluso con cierta irreverencia ante el tirano.

Hemón sueña noche y día con el deseado himeneo. Busca en la institución del matrimonio una vía de escape al autoritario control de su progenitor. Parece la única forma posible de burlar su influencia, trazar su propio camino, encontrar un propósito de vida lejos de la opresiva esfera paterna.

Ante la inminente sentencia de muerte, el joven clama y se revuelve como una fiera a la que han arrebatado su botín. Siente, como sintió Aquiles con Briseida, el menosprecio de su superior. Comparte con el guerrero aqueo la humillación ante la exigencia de tener que renunciar a algo que por derecho le corresponde. Ambos protagonizan una escena similar, la de la enfebrecida disputa por la presa.

Hemón está dispuesto a luchar hasta las últimas consecuencias, incluso poniendo en riesgo su propia vida, el único bien del que dispone para eludir la férrea voluntad de su padre. No es Antígona lo que le arrebatan, es la posibilidad de un futuro propio.

En un primer intento de convencerlo, se arma de valor y trata de cambiar su irrevocable veredicto con palabras sensatas, argumentos sabios en un joven de su edad como constata el coro:

> No hagas uso en tu fuero interno de una sola manera de ver las cosas, pensando concretamente

> que lo acertado es lo que tú afirmas y ninguna otra cosa más. (...) No constituye desdoro alguno para un varón, por sabio que sea, aprender infinidad de cosas y procurar no pasarse de intransigente (*Antíg.*, SÓF.).

Creonte es sin embargo un hombre de palabra, no puede desdecirse de su proclama. Al gobernante se le equipara con el capitán que pilota la nave de la ciudad sin contar con la ayuda ni el consejo de nadie. La inflexible soledad del tirano erguido en su puente de mando.

Hemón siempre ha pasado desapercibido ante sus ojos y eso es lo que hoy más le duele al muchacho. El que no haya sabido dedicarle el tiempo necesario para poder afianzar los vínculos entre padre e hijo. Tuvo elección, todos la tienen, pero no supo o no quiso confiar a sus consejeros el pesado timón del gobierno. Ese es su reproche.

La mezquindad del rey con el tiempo dedicado a la familia. Tiempo para ejercitarse con su padre en la palestra, sentir su mirada atenta en la sala de estudio, celebrar sus logros con el pedagogo, dedicarle un gesto cariñoso, una mañana de asueto, una comida juntos.

«¡Tú no me ves!», le increpaba Hemón con lágrimas en los ojos cada vez que se colaba furioso en su despacho. Recuerda sin embargo con nostalgia las tardes junto a su madre Eurídice después de su cabezada bajo la higuera. Él partiendo almendras entre dos piedras, ella contando antiguas historias de familia con la labor ociosa sobre el regazo. Su madre tuvo siempre una mirada ensoñadora. Una capacidad especial para evadirse de la realidad circundante, escapar con su imaginación fuera de los muros de la casa. Eurídice solía perderse a menudo en ese lugar secreto, lejano, hermoso, al que sólo ella parecía tener acceso.

En esta tarde aciaga, Hemón irrumpe hecho una furia en el salón del trono, justo después de que se hayan llevado a Antígona. Ismene le lanza una súplica muda desde su rincón, el puño todavía bien cerrado sobre el pecho.

Esta vez su padre no tendrá más remedio que reparar en su presencia. Trata de interceder, habla atropelladamente, a trompicones, las lágrimas corren desatadas por sus mejillas, eleva el tono, a veces susurra, casi no se le entiende entre los exabruptos de dolor y de rabia.

Cruza inconsolable la estancia de un lado a otro, mantiene una distancia de seguridad frente a su padre. No permite que este se acerque a tranquilizarlo, no soporta siquiera que haga el amago de tocarlo.

Ya no hay lugar para el reencuentro. Ha crecido en el desafecto, es tarde para casi todo, tal vez incluso para sí mismo.

En este momento crucial, sin embargo, sólo pide visibilidad, voz y voto en lo que le atañe, «no te compete en absoluto separarme de lo que es mío».

Toma de nuevo prestadas sus palabras, las de ella, que ya no precisa de ninguna. Antígona está de camino a su pavoroso encierro bajo tierra.

Creonte observa cómo da vueltas enajenado a su alrededor igual que un perro rabioso. Lo observa, pero no lo escucha. La soberbia lo ha vuelto mudo, ciego y sordo frente a cualquier razonamiento. La obcecación nubla su entendimiento. Sin saberlo, pierde la última oportunidad de reconciliación con su hijo. Desconoce el gesto sentido del abrazo. Ha perdido la costumbre de disculparse, ni siquiera sabría cómo pedirle perdón. Resulta inútil tratar de enmendar en un solo día el daño causado durante tantos años.

Una infancia perdida no se recupera. Puede mitigarse el dolor si se asume la responsabilidad que a cada uno corresponde.

Hemón exige de su padre que no lo juzgue por su corta edad, sino por la madurez de sus actos. Doblegarse ante la evidencia de haber cometido un error imperdonable es propio de sabios. No hacerlo, sólo ocasiona desgracia y dolor:

> A la llegada de corrientes torrenciales los árboles que les dejan libre el paso consiguen salvar sus ramas, mientras aquellos que se resisten desaparecen con tronco y todo. Todo aquel que aprieta con fuerza las escotas de una nave y no afloja ni lo más mínimo, llega a volcar y, en adelante, tiene que navegar con la cubierta boca abajo (*Antíg.*, Sóf.).

Creonte le da la espalda. Regresa al puente de mando, su zona de seguridad. Elige sigue navegando en solitario hacia el desastre, hasta que la nave vuelque y todo quede anegado bajo las oscuras aguas de la *hybris*. Falta grave para los dioses resulta la desmedida soberbia de los mortales.

En precario equilibrio sobre la cubierta de la metafórica nave, el Corifeo lamenta profundamente la escena mientras el coro anticipa la muerte del muchacho: «Este hombre ha escapado a la carrera preso de ira. A esa edad una cabeza que se siente dolida es capaz de cualquier cosa» (*Antíg.*, Sóf.).

Una muerte que llegará de su propia mano cuando descubra el cuerpo sin vida de Antígona ahorcada en su cripta.

La joven será amortajada en su túnica. La misma túnica liviana que, hace apenas un día, se arremangaba junto a Ismene, entre risas y jadeos, para alcanzar, dichosa, las resbaladizas lajas del río.

EL AGON

Antígona: Tienes que saber que nací no para compartir el odio, sino para compartir amor.

Creonte: Entonces ve allá abajo y, si tienes que amar, ámalos a ellos, que, mientras viva, en mí no ha de mandar una mujer.

Antígona, Sófocles

La joven muestra el peplo cubierto de sangre seca. Trae los pies descalzos, un temblor involuntario que le recorre los miembros y no la deja estarse quieta. Balancea el peso de su cuerpo de un lado a otro con la mirada ausente, prendida de algún lugar fuera de la sala. De vez en cuando parece que el aire se quiebra en su garganta. Farfulla palabras en voz muy baja, como si mantuviera un diálogo secreto consigo misma.

Ismene está sentada en el suelo, apenas se la oye llorar, contiene hasta el aliento. Nadie la ve salvo su hermana. Ella sí la siente pegada a su costado, tal es la conexión entre ambas desde muy niñas, las dos solas frente al mundo.

El alegato de Antígona sale de sus labios como un vómito. Palabras ardientes, impulsivas, que se convertirán en uno de los ágones más universales de la condición humana. La defensa de la libertad frente a la tiranía.

La altanera joven esgrime la pasión de la valentía, el peso de la honestidad, la razón de la verdad frente a la mentira.

La rotunda belleza de la coherencia. Aunque esta implique llegar hasta las últimas consecuencias.

Al terminar su incendiario discurso, la muchacha sin embargo flaquea, le abandonan las fuerzas, le cuesta mantenerse en pie. Tiembla asustada como un cervatillo a la espera de la flecha. Pide, con un gesto casi infantil, que la devuelvan esposada a su celda, que dejen de clavar sobre ella esas miradas acusatorias. Precisa que la quietud de la oscuridad la proteja de los hombres y también de los dioses.

Creonte se ha convertido en otra víctima más del furor de Ate. Diosa de la fatalidad que nos lleva a la ruina, al desastre, a través de un cúmulo de acciones irreflexivas gobernadas por la insensatez. La estupidez humana provoca males terribles, una insania que parece no tener fin para la prolífica estirpe de Cadmo.

En este enfrentamiento cara a cara no hay vencedores ni vencidos, a todos pierde la desmesura. El tirano únicamente reconocerá su error en la última escena, cuando ya no haya vuelta atrás: «Contra el destino no se debe en modo alguno sostener un combate condenado al fracaso» (*Antíg.*, Sóf.).

Tras la muerte de todos sus seres queridos, caerá por fin de sus ojos la venda de Ate. Lamentará entonces Creonte esa arrogancia desmedida que le ha llevado a sufrir como castigo golpes inmoderados.

Todo resulta excesivo en la tragedia griega.

En este impecable *agon* de Sófocles, el sufrimiento, tanto el del protagonista como el de su antagonista, corren parejos de principio a fin. Los dos se ven abocados a la ruina por la impetuosidad de sus convicciones. Una terquedad obstinada los embarga, su pertinaz intransigencia los pierde. La rabia incontrolada llena de prejuicios y esquemas heredados no les permite ceder o saltar por encima de la norma, la de cada uno de ellos.

El Coro, en calidad de pueblo de la sagrada ciudadela de Tebas, bien provista de carros, asiste impotente a la escena. Sorprende por su practicidad el certero veredicto que emite contra la acusada:

> Lo que es a ésta, le embargan todavía el alma las mismas ráfagas y los mismos vientos… A ti te perdió la impetuosidad decidida por tus particulares resonancias (*Antíg.*, Sóf.).

Quedamos prendidos sin embargo de esas ráfagas y de esos vientos, de las particulares resonancias de Antígona, que parecen remontarse a culpas atávicas, ancestrales.

La caída en desgracia de su desventurado padre Edipo, obsesionado por la búsqueda de la verdad. El infortunado suicidio de su madre Yocasta al darse cuenta de que esa búsqueda infatigable se llevaba consigo la felicidad del amor y la familia.

Culpas ajenas que la muchacha asume con admirable entereza, carga sobre el frágil armazón de sus hombros y expone a la luz ante los atemorizados súbditos de la ciudad.

Antígona en calidad de testigo se convierte en una de las primeras mártires en su acepción más etimológica del término.

LA MONOMAQUIA

Puerto de Hades, imposible de drenar.
Antígona, Sófocles

Volvamos al comienzo de la historia, al menos a uno de sus cabos. La lucha fratricida entre dos hermanos al pie de las murallas de la ciudad, la de las Siete Puertas.

La séptima es la que ambos se disputan. Uno de ellos combate en defensa de la fortaleza, Eteocles. Otro, en un intento desesperado de recuperar su legítimo derecho al trono, avanza en expedición militar contra Tebas, Polinices.

Dos jóvenes guerreros medirán sus fuerzas en cada una de las Siete Puertas: Puerta Preta, Puerta Electra, Puerta Néïte, Puerta Palas Onca, Puerta Bóreas, Puerta Homoloide y Puerta Séptima. Esta última será el escenario del duelo fratricida. Dos cuerpos con la misma sangre. Dos hermanos inseparables, tanto en la vida como en la muerte:

> Mordidos por quijadas de caballos,
> Muerte cantan los frenos.
> Siete soberbios jefes de la hueste
> contra las Siete Puertas,
> que en suerte, les tocaran,
> con arneses que salvan de la pica,
> ya se van apostando (*Siete.*, Esq.).

Resuena el duende lorquiano en estos sonoros versos de Esquilo. Escuchamos el poderoso ritmo del fragor en el combate, el relincho de las monturas, el estruendo de las armas, el estridente alarido de los soldados al entrechocar sus corazas. Resulta terrible la sombra de Ares sobrevolando la llanura beocia. «Demoledor de murallas, peste de los hombres, funesto a los mortales»... Profusión de epítetos vibrantes para aludir a la locura insensata de la guerra.

Recolecta muerte el sembrado campo de Ate, dos héroes pierden la vida bajo cada una de sus Siete Puertas.

En la Séptima parece que los dos jóvenes se consolaran mutuamente en fraternal abrazo. Tan bellos yacen sus cuerpos de parecida semblanza. El ensortijado desorden de los cabellos, los miembros enredados, los labios entreabiertos. El esbozo de una dulce sonrisa en la bendita quietud de la muerte.

Dos hermanas se arrodillan frente a dos hermanos. Recomponen la truncada curva del cuello, el lacerado dorso de las manos, todavía agarradas a la pica, el cabello cubierto de tierra seca. El mismo color de la trenza de Antígona, los delicados pómulos de Ismene.

El treno que se eleva sobre la pestilencia de la muerte conmueve por lo inútil del fratricidio.

Una esticomitia de marcado carácter poético condena la violencia. Palabras como cuchillos para maldecir la desgracia que vuelve a agostar una vez más al maltrecho linaje tebano:

Antígona: Herido, heriste.
Isemene: Moriste tras dar muerte.
Antígona: Con la pica mataste.
Ismene: Con la pica moriste.
Antígona: Dolor causaste.

Ismene: Dolor sufriste.
Antígona: Salid, lágrimas, salid.
Ismene: Salid lamentos (*Siete.*, Esq.).

EN LA BENDITA PAZ DE LOS MUERTOS

Al arrimo de diciembre se varean los olivos. Se guarda la cosecha en los graneros, hierven los membrillos en la artesa, se cubren los suelos de esteras.

Las mujeres se afanan en preparar la salmuera, adoban la carne con ajo y orégano, apilan sacos de legumbres, atesoran ánforas de vino recio, hacen acopio de todo aquello que ayude a sobrellevar los rigores del invierno.

Un anciano está sentado frente al rescoldo del hogar. Tiene el cuerpo retorcido por la artrosis, lleva la cabeza cubierta, sus ojos clavados en las ascuas del fuego.

Ismene entra en la cocina con un pequeño ramo de ciclamen silvestre. Lo deposita en el antepecho de la ventana. Acomoda un cuenco de sopa caliente entre las huesudas manos de su tío y se retira sin pronunciar palabra.

Su lugar está en la sencilla habitación que compartía con su hermana. Desde su ventana se alcanza a ver la Puerta Preta.

Allí se sienta cada tarde a ver morir el día.

Tiene la mirada puesta en el camino que baja al río. Las manos distraídas en la cinta que le regaló Antígona. El ánimo tranquilo, la respiración sosegada.

Ismene conversa en paz con sus muertos.

IV

EN LAS DORADAS CUMBRES DEL CITERÓN

SÉMELE

¡Dejad los telares!
¿No oís la flauta del viento?

Canta la tierra en el fértil vientre de Sémele, hija de Cadmo, primer rey de Tebas.

Cantan los viñedos en la dulce sangre de Sémele, desventurada madre de Dioniso.

Canta el cauce del río en la cristalina voz de Sémele, hermana de Ágave.

La indiscreta flauta del viento desliza entre los cañaverales sus amores furtivos. Serpentean envidias malsanas por los barrancos. Muerte y venganza en el surco de la tierra. Culpa carmesí en la savia del racimo.

Recuerda Sémele su habitación en penumbra. El hatillo de jazmín recién cortado al caer la luz, el frescor del suelo bajo sus pies descalzos. Rememora la inquietud de la espera, la clandestinidad del encuentro. Esa sorpresa del primer abrazo al amparo de la noche. El temor acallado con besos, el primer placer en manos de un completo desconocido.

«¿Qué nos ocultas?» apremian sus hermanas.

La muchacha tiene la piel arrebolada, la sonrisa nerviosa y un brillo en los ojos que la traiciona.

«¡Dinos quién es!»

Sus hermanas la buscan, se revuelven, meten cizaña de la mañana a la noche.

Sémele inclina la cabeza, se muerde los labios, juega con la fíbula de su peplo y calla. Ese es el trato.

Cantan las mujeres en el río mientras lavan las camisas de sus hombres.

Cantan las hilanderas en la rueca mientras tejen la ropa de sus hijos.

Canta Sémele en la penumbra mientras espera la llegada de su amante. Quizá un viajero de paso, tal vez un joven temporero.

Cimbrean sus caderas al compás del paso de las horas. Se sonroja ante la firmeza de su piel, una tea ardiente cuando él la toma a escondidas. El resto debe permanecer en secreto, al amparo de la oscuridad y el silencio. Ese es el trato.

«Niña ¿en qué andarás pensando?»

El peine del telar reposa dócil entre las distraídas manos de la muchacha. Ágave observa desconfiada. Ino se levanta a por un vaso de agua fresca. Autónoe se entretiene espiando a los braceros a través de la ventana. Es la estación de la cosecha. Vienen a vendimiar desde todas partes, robustos, ágiles, jóvenes, hermosos.

«¡Dejad los telares!

¡Subamos al monte!»

Las hijas de Cadmo se marchitan en la casa cada día que pasa. Penan por seguirlos monte arriba hasta la cañada más profunda, el olivar más fértil, ese valle recóndito donde habita el deseo. No lo dicen, sólo lo sueñan.

Sémele reanuda inquieta su tarea. Evita la mirada inquisitiva de sus hermanas, cuenta las horas que faltan para reponer su ramillete de jazmín, sentir el frescor de las losas bajo sus pies, la ardorosa premura del abrazo, el temblor en la piel.

PARTO DE LUZ

Aquí me dio a luz un día la hija de Cadmo, Sémele, en un parto provocado por la llama del relámpago. (...) De vid alrededor yo lo he recubierto, con el follaje pródigo en racimos.

Bacantes, Eurípides

Luz herida de Sémele. Una espada de acerado fulgor estalla en mitad de la noche. Un rayo hiende su cuerpo en dos para alumbrar a Dioniso, dios del vino, de la orgía, del desenfreno, del éxtasis... también del teatro.

Sémele cae fulminada ante la ira de Zeus porque rompe su trato con la oscuridad. Quiebra la complicidad del silencio. Deja que sus hermanas la descubran. Su desgracia va de la mano de su inocencia. Su inexperiencia la delata, esa curiosidad tan humana por descubrir el origen, la causa, la razón de todo cuanto nos acontece. En este caso, la curiosidad por conocer la identidad de su divino amante que tal vez, sólo tal vez, no fuera un viajero de paso o un joven temporero, sino el mismísimo señor del monte Olimpo.

Las deidades suelen castigar esa ansia de conocimiento sin medida que aqueja a los humanos. Quizá por mero temor a que acaben descubriendo que su poder no es ilimitado. Si fuera así, los dioses dejarían de ser necesarios, se humanizarían, se convertirían en simples mortales y, por tanto, prescindibles.

Volvamos de nuevo a la muerte de Sémele, al instante en que la muchacha cae abatida por el rayo divino. La tierra se abre, fértil, bajo su vientre hendido. Es en esos surcos calcinados donde Dioniso cultivará viñas en memoria de su madre. Una madre que no pudo amamantarlo y que sin embargo llenará de dulce néctar los odres de vino de sus hermanas, las ménades que la delataron.

Sémele, tal vez Adela.

Fueron ellas, sus hermanas. Sus celos, su mezquindad. La misma envidia envenenada que se llevó la vida de la más pequeña de las hijas de Bernarda.

¡Déjame ya! ¡Durmiendo o velando, no tienes por qué meterte en lo mío! ¡Yo hago con mi cuerpo lo que quiero!

La casa de Bernarda Alba, Federico García Lorca

Adela sigue impetuosa los pasos de Sémele. Dos historias de pasión y rebeldía ante la norma que se entrelazan en el tiempo. Dos mujeres condenadas por la censura, la mojigatería social, las estipuladas convenciones morales. Dos víctimas inmoladas por amar a cielo abierto.

Dioniso crece huérfano de madre, descuidado por un padre ausente que tiene demasiados vástagos desperdigados por toda la tierra como para poder prestar atención y cuidado a cada uno de ellos.

El joven dios anduvo errante durante años por varios países y continentes hasta que decidió regresar a Tebas, hollar la tierra que lo había alumbrado en su seno.

Dioniso precisa revivir el dolor de su nacimiento, desatar la rabia enquistada contra su propia familia, la falta de afecto, el desapego.

Nadie supo proteger a la mujer que le dio la vida. Regresa a la ciudad para vengar esa ofensa que le reconcome el alma. Tan sólo el dulce caldo de la vid consigue atemperar su furor, calmar sus nervios, mitigar la tristeza.

El grito delirante de las bacantes enmascara durante un tiempo ese sordo clamor que lo hostiga sin descanso. El dios del desenfreno instaura los ritos báquicos para sobrellevar su dolor.

> A Tebas, la primera en esta tierra helénica la he alzado con mi grito, ciñendo a su cuerpo la piel de corzo y poniendo en su mano el tirso, dardo de yedra (...)
>
> Porque las hermanas de mi madre, quienes menos hubieran debido, aseguraban que Dioniso no había nacido de Zeus, sino que Sémele, desposada por algún mortal, le atribuía a Zeus la culpa de su furtiva unión (...)
>
> Las he aguijoneado fuera de sus casas a golpes de delirio y habitan el monte en pleno desvarío (...), las saqué enloquecidas de sus hogares. Arremolinadas bajo los verdes abetos, se echan sobre las peñas a cielo abierto (*Bac.*, EUR.).

Esta es la venganza de la divinidad. Volver a representar en las doradas cumbres del Citerón aquel terrible parto de luz que llevó a Sémele a una muerte gratuita.

En la tragedia griega una muerte exige otra a cambio. Dioniso acude a Tebas a reclamar esa deuda de sangre por medio del sacrificio del joven rey Penteo, su primo hermano, el hijo de Ágave.

> Esta ciudad ha de aprender de una vez, aunque no quiera (*Bac.*, Eur.).

EL BÁQUICO EVOHÉ

¡Oh Tebas, nodriza de Sémele, corónate de yedra! Florece, haz florecer la verde brionia de frutos brillantes, ¡conságrate a Baco entre ramos de encina o de abeto! ¡Consagra la vara de tu tirso cargado de furor, lejos de telares y ruecas, aguijoneada por Dioniso!

Bacantes, Eurípides

Resuena el evohé en cada calle, en cada patio, en cada esquina. Corre de boca en boca el grito báquico entre las mujeres de Tebas que se apresuran a abandonar en masa la ciudad. Un niño se asoma extrañado a la azotea. Le sorprende el silencio del telar, el rescoldo de la lumbre en la cocina, el enorme vacío que ha dejado su madre en cada rincón, parece que la casa hubiera dejado de latir. Se sienta, paciente, a esperarla en el zaguán.

En el culto a Dioniso, las mujeres recuperan el sabor de la libertad perdida, el frenesí de la huida, el delirio de dejarse ir, de seguir los propios impulsos, de escuchar los dictados de su corazón. Por unos pocos días, sólo piensan en sí mismas y es grato ese estar a solas entre iguales. Una energía poderosa que es capaz de enardecerlas hasta el punto de arrancar árboles y buscar el sustento con la única fuerza de sus brazos. El cuerpo se libera, el ánimo se enciende. Todas se rinden ante ese espíritu ancestral de la Naturaleza. La fuerza arrolladora de la Madre Tierra las reclama imperiosa.

> ¡Brota del suelo leche, brota vino, brota néctar de abejas! El bacante que alta sostiene la roja llama de su antorcha, marca el compás con su tirso, impele a la carrera y a las danzas a las errantes mujeres excitándolas con sus alaridos, mientras lanza al aire puro su desmelenada cabellera! (*Bac.*, EUR.).

El Bacante de desmelenada cabellera que las convoca resulta ser el mismísimo dios Dioniso:

> ¡Venid, Bacantes, Venid, cantad a Dioniso, al son de los panderos de sordo retumbo, festejando

cn gritos de ¡evohé! al dios del evohé, entre gritos y aclamaciones! (*Bac.*, EUR.).

Interrumpen las mujeres sus hilados, el almuerzo se enfría en la mesa, el hijo queda a la espera, los hombres siguen en sus empresas.

El joven rey se exacerba al contemplar el desorden que comienza a hacer mella en la ciudad. Penteo recorre furioso las estancias, sale de palacio, merodea por las casas, busca un culpable, maldice en voz alta, reniega hasta de sí mismo. La ira extravía sus pensamientos, no sabe qué hacer ni por dónde empezar. El espectador de la tragedia asiste desde su grada conmovido a ese arrebato desorbitado del monarca. Sabedores ellos, ajeno él, a la desgracia que se avecina, una muerte por otra muerte. La *hybris* que cometen los humanos, el castigo que imponen los dioses.

Tras la búsqueda infructuosa de un culpable, Penteo llama desesperado a su madre Ágave, pero tampoco la encuentra. Busca en vano a sus tías Ino y Autónoe. Echa en falta a su abuelo Cadmo. Pregunta por Tiresias. Todos los gineceos están vacíos.

Un embriagador aroma a incienso de Siria recorre las calles.

Dioniso se ha llevado a las mujeres hasta las doradas cumbres del Citerón.

> Dicen que ha venido un cierto extranjero, un mago, un encantador del país de Libia, que lleva una melena larga y perfumada de bucles rubios, de rostro lascivo, con los atractivos de Afrodita en sus ojos... anda de día y de noche fascinando a nuestras jóvenes con los ritos mistéricos del evohé (*Bac.*, EUR.).

En su fuero interno, Penteo desearía ser una muchacha más. En la intimidad de su alcoba, sueña con soltarse presto la melena, cubrirse con un liviano peplo, colorear sus mejillas, acentuar sus párpados de alheña, alzar el tirso de pámpanos en la diestra y correr despreocupado tras las ménades.

Penteo ha tenido sin embargo la desventura de nacer hombre. La pesada responsabilidad de haber sido elegido rey. Se debe a su condición y a su cargo.

El muchacho se convierte así en la perfecta víctima propiciatoria del dios, en el transgresor de su propia tragedia.

LAS AGITADORAS DEL TIRSO

Dormían todas, tumbadas en actitud descuidada, unas reclinaban su espalda sobre el ramaje de un abeto, y otras habían echado su cabeza sobre las hojas de encina en el suelo. Reclinadas al azar en actitud decorosa, y no (...) embriagadas por el vino y el bullicio de la flauta de loto, retiradas a la soledad para perseguir en el bosque el placer de Cipris.

Bacantes, Eurípides

Conmueve el abandono de las mujeres al sentirse a resguardo, sin experimentar el apremio cotidiano, la sumisión en sus hogares, la inseguridad, el acoso, tal vez, el miedo.

Se liberan gozosas de sus obligaciones con ese gesto tan femenino de deshacerse las trenzas. Siguen su instinto de mujeres libres, se valen por sí mismas, satisfacen sus necesidades más primarias, algo de sustento, un río de agua clara, el desahogo entre iguales.

Confidencias propiciadas frente a una copa de vino. La lasitud del cuerpo y del espíritu. El alivio de sentir cómo baja la guardia ante las amenazas externas, esa seguridad en la tribu que las ampara. Yacen entrelazadas unas con otras, como lo están sus coronas de yedra, roble o florida brionia:

> Una tomó su tirso y golpeó sobre una roca, de donde empieza a brotar, como de rocío, un chorro de agua. Otra hincó la caña en el suelo del terreno y allí el dios hizo surgir una fuente. Todas las que deseaban la blanca bebida, apenas escarbaban la hierba con las puntas de sus dedos, obtenían manantiales de leche. Y de los tirsos cubiertos de yedra destilaban dulces surcos de miel (*Bac.*, EUR.).

Es una imagen que evoca el paraíso terrenal, ese río que brotaba del Edén para dividirse en cuatro brazos, la alusión de Jehová conduciendo a los israelitas desde Egipto a «una tierra buena y ancha que mana leche y miel» (Éxodo, 3).

La belleza de la hermandad. Generosos dones de la tierra, sólida urdimbre del cuidado mutuo.

La fiebre báquica invade también a algunos hombres. Los más ancianos de la comunidad. También los más sabios. Aquellos que ya han experimentado la vida en plenitud y comprenden que todo tiene su justa importancia, como este arranque de rebeldía que ha invadido a las matronas tebanas.

Los viejos presuponen que Dioniso partirá en pocos días. Las mujeres no tendrán entonces más remedio que bajar del monte para retomar sus obligaciones, atender a sus deberes, cuidar de la familia. Los ancianos lo saben y esperan.

Esta revuelta es sólo un estentóreo grito de inconformismo que sale de lo más hondo de las entrañas. Tras la finalización de los ritos, cada uno vuelve a su lugar. Así ha sido siempre, así seguirá siendo.

El anciano Tiresias está sentado en un trípode cerca del fogón. Todos duermen, todos menos él.

El vidente escucha, con la intensa nitidez de los ciegos, los ruidos que se van sucediendo en la casa grande. El relajante gorgoteo del caño de la acequia, el rumor de las escobas al barrer el suelo, el leve correteo de roedores en torno a los sacos de trigo, el agudo eco de una flauta de loto allá arriba, en el claro del bosque, donde duermen los braceros.

Tiresias se levanta con dificultad. Se apropia de otro pellejo de vino. Le pesan las piernas y los años. Mastica despacio la decrepitud de su cuerpo. Saborea el alivio que experimenta cada vez que tiene una certeza. La lógica sucesión de acontecimientos que prevé gracias a su proverbial clarividencia. Engañoso don el de los dioses.

Nadie lo toma ya en consideración. No deja de ser un viejo achacoso que sólo balbucea desgracias, una detrás de otra.

Sea por la demencia de su avanzada edad o por la obligada quietud durante horas frente al fuego, el anciano no resulta una compañía agradable.

Aferrado a su odre como si de un poderoso talismán se tratara, musita Tiresias su panegírico al vino en estos inspiradores versos de la tragedia báquica:

> Dos son los principios fundamentales para la humanidad: la diosa Deméter —que es la Tierra, llámala con el nombre que quieras de los dos—, ella sustenta a los mortales con los alimentos secos; y el que luego viene, con equilibrado poder, el hijo de Sémele. Inventó la bebida fluyente del racimo y se la aportó a los humanos. Ésta calma el pesar de los apurados mortales, apenas se sacian del zumo de la vid, y les ofrece el sueño y el olvido de los males cotidianos. ¡No hay otra medicina para las penas! (*Bac.*, Eur.).

En la cocina encuentra el anciano cuanto necesita. Alimento para nutrir sus débiles huesos, el vigor que todavía le otorga el licor al deslizarse por su garganta reseca, compañía ocasional frente a la lumbre y un cobertor de lana para aliviar la tiritona de sus miembros entumecidos cuando avanza la noche y sólo quedan los rescoldos. Sostenido por el calor del vino, Tiresias alivia el agarrotamiento de las manos, el peso de la vejez, el apremio de su último viaje.

De las bondades del vino habla también el sabio Isaías, profeta de Judá, consejero de reyes, como lo es Tiresias en el palacio de Cadmo: «Venid, voy en busca de vino, y nos embriagaremos de licores, y mañana será como hoy, día grande, muy grande» (Isaías 56: 12).

El fruto de la vid siempre ha sido un fiel aliado para este hombre que tantos infortunios ha vaticinado en su dilatada vida. Estos últimos años ha sido huésped habitual en la casa de Tebas. Antes de que la Moira empuñe las tijeras le pide al dios báquico que infunda una vez más vigor en su cuerpo achacoso, embriague su alma enferma, se lleve con los últimos posos el don de predecir el futuro, sobre todo el suyo. Poco más queda por revelar, salvo el lugar y la hora justa de su propia muerte.

Clarea el alba. Tiresias se ha quedado traspuesto junto a las ascuas apagadas. Breve es la vida, como reflexiona el poeta, «¿Quién puede cosechar el presente, si persigue lo infinito?» (*Bac.*, Eur.).

Cadmo, anterior rey de Tebas, lo incorpora despacio. Le echa una manta por encima de los hombros, lo arrastra como puede hasta su cuarto.

Tiresias sonríe. Se apoya agradecido en su viejo amigo y le hace prometer que, en un rato, cuando caliente el sol allá en la cumbre, también ellos se subirán al monte.

Asiente Cadmo distraído, acelera el paso. No quiere que su nieto Penteo los sorprenda en tal lamentable estado. El anciano profeta se apoya en su bastón, apura el último trago del vaso, clava los ojos ciegos en su lazarillo y sonríe para sus adentros:

> Llévame allí, Bromio, báquico guía, allí están las Gracias, allí está el Deseo… el goce del vino aleja el pesar (*Bac.*, Eur.).

ÁGAVE

¡Penteo ha muerto, el hijo de Equión!
Bacantes, Eurípides

A la mañana del quinto día un lamento horrísono recorre la ciudad. Hombres y mujeres acuden en tropel a la plaza del pueblo. Contemplan boquiabiertos el delirante cortejo de bacantes capitaneadas por Ágave. La multitud se agolpa, se empujan unos a otros. Nadie quiere perderse el espectáculo. La hija mayor de Cadmo deposita su desventurado trofeo a los pies de su padre.

Es en este preciso instante cuando debiera haber una pausa, un retroceso en el tiempo que permitiera desandar los pasos que nos han conducido hasta aquí. Evitaríamos así la tragedia contra natura de una madre que sesga la vida de su propio hijo.

Cacería salvaje en las cumbres del Citerón. Temor y Compasión. Los dos ejes de la catarsis griega.

> Pero ella echaba espuma por la boca y revolvía sus pupilas en pleno desvarío, sin pensar lo que hay que pensar (*Bac.*, Eur.).

La locura como única justificación posible ante el delito cometido. La misericorde inconsciencia que otorga la demencia. El triunfo de la cazadora que ofrece, orgullosa, su presa a la ciudad con los ojos extraviados, la razón enajenada y el ánimo insuflado de *manía* divina.

Cómo va a una madre a sacrificar a su hijo sino es atravesada por ese delirio dionisiaco que la aparta de su propio juicio y la empuja a una visión deforme de la realidad.

En las *Bacantes* de Eurípides esa locura transitoria ha permitido a las mujeres liberarse de los rígidos moldes que conforman su vida. El castigo que impone la norma social a esa sedición es absolutamente demoledor.

Cadmo se mesa los cabellos, hinca sus rodillas en tierra. Compadece profundamente a su hija mayor: «Cuando comprendas lo que has hecho , sufrirás un tremendo dolor! Pero sí hasta el fin quedas en el estado en el que estás ahora, sin ser feliz, al menos parecerá que evitas la desdicha» (*Bac.*, EUR.).

Los dioses se muestran inclementes. Ni siquiera le otorgan a Ágave el precario consuelo de persistir en su locura. La pena impuesta exige que vuelva en sí, que recobre la conciencia, que asuma lo inasumible, la terrible magnitud de su crimen.

Agave, como otras muchas madres, tiene que pasar por el trago más amargo de su existencia. Reconocer la identidad del muerto que yace ante ella.

Una anagnórisis terrible que nos lleva a otro lugar, a la viva imagen de la Piedad. Una madre destrozada sostiene entre sus brazos el cuerpo sin vida de su hijo crucificado.

> ÁGAVE: ¡Desgraciada de mí, llevo la cabeza de Penteo! ¿Quién lo mató? ¿Cómo llegó a mis manos?
> CADMO: Tú lo has matado y tus hermanas contigo (*Bac.*, EUR.).

Estamos a principios de otoño. Las chicharras han silenciado su canto. Algún que otro destello de sol ilumina el ensangrentado rostro de Penteo. La multitud se dispersa. Ágave desea velar a solas el cadáver de su hijo. En cada casa se enciende un candil. Las mujeres entonan el treno de las plañideras, una monodia hipnótica que acompaña cada uno de los pasos del reconocimiento, como si de un doloroso vía crucis se tratara.

La madre limpia amorosamente el torso de su hijo. Sus dedos acarician el ensortijado bosque de su cabello, se demoran en las sienes laceradas por las afiladas espinas del majuelo. En los jirones de la túnica desgarrada olorosas agujas de pino, el intenso aroma de la tierra.

Sus labios sobrevuelan cada una de sus heridas mientras entona su propio planto.

Cada brecha, cada corte, cada arañazo, le trae a la memoria el recuerdo vívido de algún percance de la infancia. Penteo creció pegado a las faldas de su madre. Correteaba despreocupado de un lado a otro del gineceo, más atento a las intimidades de las mujeres que a las actividades de los hombres.

Cada mutilación es una promesa quebrada, el

adiós definitivo a esa íntima complicidad que siempre hubo entre ambos.

Penteo confiaba en ella. Su insistencia en seguir solicitando sus consejos una vez que tuvo que hacer frente a las obligaciones de Estado provocaba el escarnio de su pueblo.

Recuerda Ágave con tristeza la contrariedad mal disimulada del muchacho cuando fue definitivamente apartado de su lado. La súplica muda de sus ojos almendrados, el continuo temor a las pesadillas, esos pensamientos oscuros que no cesaban de atormentarlo, el carácter ilícito de su deseo, las dudas sobre su propia identidad.

Penteo vivió con auténtico desconsuelo el día en que su abuelo Cadmo lo obligó a apartarse de la amorosa compañía de las mujeres. Ese fue siempre su dolor más escondido, su secreto más preciado.

Las mismas mujeres que hace unas horas, enardecidas por el furor báquico, acaban de darle muerte tras confundirlo con un cachorro de león.

Ágave sigue estrechando la cabeza de su hijo contra su pecho mientras ruega en vano a dioses y mortales que vuelvan a concederle el bendito amparo de la locura hasta el día de su muerte.

Una muerte que le habrá de llegar tiempo después en el exilio, sola, insufriblemente cuerda.

> ¡Adiós, casa, adiós, ciudad paterna! Te abandono en mi desgracia, desterrada de mi hogar. Adiós, padre. Ojalá llegue a donde ni el maldito Citerón me vea ni el Citerón veo yo ante mis ojos, donde no quede ni huella de un tirso… (*Bac.*, Eur.).

LOS TRABAJOS Y LOS DÍAS

Y en cuanto conocieron claramente la incitación de Baco, las hijas de Cadmo se lanzaron, tan veloces como las palomas, precipitando sus pies en unánime carrera, su madre Agave, las hermanas de ésta, Ino, Autónoe y todas las bacantes. A saltos traspasaron los torrentes del valle y escalaban las escarpadas peñas enloquecidas por los influjos del dios.

Bacantes, Eurípides

Los mortales que osan medirse con los dioses en lucha desigual encuentran en la tragedia griega dos únicas salidas: destierro o muerte.

En este caso hemos asistido al desmembramiento del impío Penteo a manos de bacantes enajenadas por la locura.

Arrolladora *manía* la del dios. Una expiación que escapa a toda comprensión humana, a las lealtades y afectos más primigenios.

Tras el ominoso sacrificio, las tres hermanas saldrán desterradas de la ciudad.

Ágave y Autónoe regresarán a la matriz de la tierra para acompañar así el destino de Sémele.

Ino se quitará la vida arrojándose desde lo alto de un acantilado. Su tumba será tan inmensa como el mar.

Cuatro hermanas infortunadas, que bien pudieran haber sido cinco, las cinco hijas de Bernarda.

> Lo que sea de una será de todas.
>
> *La casa de Bernarda Alba*,
> Federico García Lorca

Acudimos al reclamo de la tierra.

El cuerpo de Sémele nutre fecundo los primeros brotes de vid. Su risa adolescente revolotea en el poso del vino. El hálito de su deseo se une al de las ménades embriagadas de néctar. La desinhibición de los sentidos que proporciona el preciado don de Dioniso trae a la memoria el excitante placer de la espera, la exultación en brazos de su furtivo amante. El latido del bosque recuerda aquella estancia en penumbra, el embriagador aroma del jazmín sobre el alféizar, la confianza ciega en su entrega al amor.

Ágave y Autónoe son definitivamente expulsadas de los umbríos bosques de Tebas. El olvido es un túmulo sin nombre. Sus cabellos se convierten en zarzas. Sus miembros se hacen hueco entre las piedras calcinadas. Sus dedos raíz buscan desesperadamente una gota de agua que purifique su culpa.

Ino acude pronta al reclamo de otra madre vivificadora. Se acoge a la poderosa clemencia del mar. Un paso resuelto al vacío con el cuerpo de su hijo en brazos. El infinito sudario del agua.

Pero volvamos al principio de la historia, antes de la llegada de Dioniso a la ciudad.

La belleza de la cotidiana sucesión de los trabajos y los días.

Autónoe suele ocuparse del ganado que su esposo Aristeo guarda celosamente en el establo. Cuando él vuelve de revisar las colmenas, ya tiene una jarra de leche tibia recién ordeñada sobre la mesa. Aristeo le ofrece un pedazo de panal y un ramo de flores silvestres. Sonríe mientras besa sus labios. Admira los reflejos de luz en su trenza cobriza. Agradece la generosa amplitud de sus caderas.

Su mujer saborea con fruición la miel de las celdillas. Apoya la cabeza en la pared de adobe para sentir la caricia del sol, ríe ahíta cuando su marido le muerde la boca. Están enamorados y tienen un hijo varón. No necesitan mucho más.

Autónoe subirá al monte junto a sus hermanas para realizar los ritos báquicos cuando llegue el momento. Hubiera podido no hacerlo, pero Ágave es persuasiva y siempre ha impuesto su voluntad sobre las demás.

Su esposo Aristeo es un hombre tranquilo que practica la virtud de la templanza y la sobriedad. No en vano ha sido educado por maestros de excepción. El centauro Quirón y las Musas le han enseñado el arte de la medicina y la adivinación. Agradece el primero, reniega a menudo del segundo.

Está adiestrado en las artes de la ganadería y la apicultura, así como en el cultivo de la vid. Un hombre de campo que vive feliz conforme a las reglas de la Naturaleza.Amigo de Hesíodo, si hubieran tenido la fortuna de conocerse.

La familia vive alejada del bullicio de la ciudad junto a un bosquecillo de pinos.

En su botica prepara Aristeo pócimas curativas con las hierbas que recolecta por los alrededores. La gente del pueblo lo respeta, acuden a su casa cuando alguno enferma. El pago es un queso recién cuajado, un lebrillo de pasas, un saco de almendras. Aquí lo poco que hay se comparte.

Autónoe se encarga de los animales. Organiza la despensa para el invierno. Le gusta reunir a las mujeres en la cocina para elaborar compota, adobar aceitunas o salar la carne.

Su hijo, el pequeño Acteón es un chiquillo solitario, poco amigo de estar encerrado entre cuatro paredes. Se pasa el día solo, cazando.

Cada amanecer sale con su jauría de perros a cubrir trampas, cavar fosos, colocar redes, nadar en el lago Copaide o correr incansable detrás de un venado con su morral a cuestas. Lleva consigo el carcaj bordado por su madre y un cuerno de buey para llamar de vuelta a los lebreles. Conoce cada palmo del bosque, cada arbusto, cada cañada, cada remanso. Regresa a casa al filo de la noche, exhausto, hambriento, con el corazón limpio y la mirada insondable del fondo del agua. La misma mirada que será su perdición cuando quede presa de los encantos de Artemis.

Pero nada de esto ha sucedido todavía. Esta noche la vida se muestra dadivosa con la familia de Autónoe. Sonríe la madre viendo a su hijo devorar la cena sin apenas levantar los ojos del plato. Demora la sobremesa junto a su esposo al calor del hogar. Agradecen juntos los abundantes dones de la tierra, la anticipada alegría de la cosecha, el anuncio de la llegada de Dioniso, la pronta celebración de sus ritos.

Si apartamos la mirada de tan bucólica escena y nos dirigimos a palacio, sorprenderemos a una Ino fatalmente presa de los celos.

La hermana de Autónoe nunca ha sido la primera en nada. Ni como hija ni como esposa. Su marido Atamante la ha tomado en segundas nupcias. Sospecha que a veces escapa de su lecho para yacer con alguna sirvienta, casi siempre con Temisto, la que se convertirá, con el paso del tiempo, en su tercera esposa.

Fue Ino la que denunció los amores furtivos

de Sémele. Vivía corroída por la envidia, consumida por la felicidad ajena. Un dardo de fuego era el rostro arrebolado de su hermana. El goce a ella vedado, la confianza absoluta del amante en la reciprocidad de la pasión, la dicha compartida. Las carencias de Ino abrasaron su alma.

Únicamente ha recibido sobras a lo largo de su vida. No encuentra forma alguna de vivir en paz.

Ino lamenta a posteriori el irremediable error cometido. Se arrepiente de haber revelado el secreto de Sémele. Pide a su esposo Atamante que le permita criar a su sobrino Dioniso junto a sus propios hijos.

Su marido no duda en acoger al joven dios en su familia como a uno más.

La culpa envenena la sangre de Ino. Ensucia cada una de sus palabras. El remordimiento constante la aparta de su esposo. Se vuelve una mujer dura, arisca, incapaz de aferrarse a nada ni a nadie.

Arrojarse al mar con el cuerpo exánime de su pequeño Melicertes en brazos constituye una auténtica liberación. Ino deja de abrasarse en su propio fuego. Se purifica en el incansable batir de las olas.

La fuerza del mar los transforma a ambos. Su hijo renace en el joven dios Palemón. Ella emerge de las aguas radiante, luminosa, redimida.

A partir de ahora será conocida como Leucotea, la diosa blanca, la nereida de la niebla, la que protege a los marineros y los guía a salvo a través de la tempestad.

> Se arroja con su carga al abismo, las olas, al choque, se emblanquecieron de espuma. Neptuno, les quitó lo que tenían de mortal, les cambió nombre y figura, llamó a la madre Leucotea y Palemón al nuevo dios (*Metamorfosis*, Ovidio, Liber IV).

Espuma y sal para rescatar los cuerpos a la deriva de los náufragos. Agua para devolverlos a la vida.

Ino-Leucotea, primera deidad a la que invocan los marineros en medio de la tormenta. Bienhechora diosa blanca a la que profesarán sentido agradecimiento las gentes de la mar.

La última de las hijas de Cadmo se libera de sus Erinias a través de la gratitud.

La belleza de la reconciliación.

BIBLIOGRAFÍA

DEL LINAJE DE LOS LOS ATRIDAS

Esquilo, *La Orestea*, ed. Nacional, traducción de José Luis Clavo Martínez.

Sófocles, *Electra*, ed. Cátedra, edición de José Vara Donado.

Eurípides, *Electra*, ed. Biblioteca Clásica Gredos, traducción de José Luis Calvo Martínez

Eurípides, *Ifigenia entre los Tauros*, ed. Biblioteca Clásica Gredos, traducción de José Luis Calvo Martínez.

Eurípides, *Ifigenia en Áulide*, ed. Biblioteca Clásica Gredos, traducción de José Luis Calvo Martínez.

SAGRADA ILIÓN

Ovidio, *Metamorfosis*, ed. CSIC, edición y traducción de Antonio Ruiz de Elvira.

Eurípides, *Hécuba*, «Andrómaca», Biblioteca Clásica Gredos, traduce Juan Antonio López Férez.

Eurípides, *Troyanas*, ed. Biblioteca Clásica Gredos, traducción de José Luis Calvo Martínez.
Homero, *Ilíada*, ed. Cátedra, edición y traducción de Antonio López Eire.

TEBAS, LA DE LAS SIETE PUERTAS

Sófocles, *Antígona*, ed. Cátedra, edición y traducción de José Vara Donado.
Ovidio, *Metamorfosis*, ed. CSIC, edición y traducción de Antonio Ruiz de Elvira.
Esquilo, *Los Siete contra Tebas*, ed. Cátedra, edición y traducción de José Alsina Clota.

EN LAS CUMBRES DEL CITERÓN

Ovidio, *Metamorfosis*, Liber III, CSIC, edición y traducción de Antonio Ruiz de Elvira.
Eurípides, *Bacantes*, Biblioteca Clásica Gredos, traducción y notas de Carlos García Gual y Luis Alberto de Cuenca y Prado.

CUADROS GENEALÓGICOS

1. AGAMENÓN, REY DE MICENAS

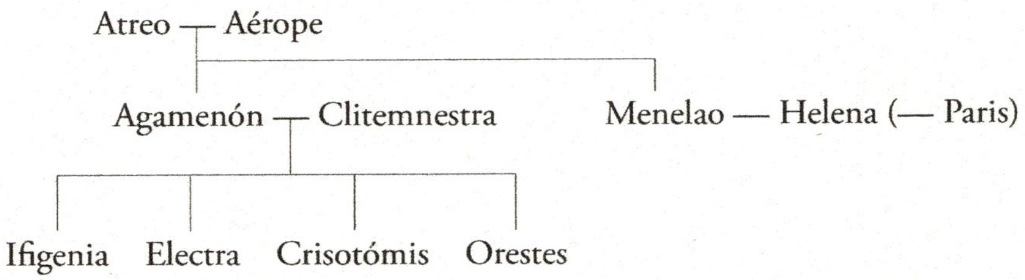

2. *Príamo y Hécuba, reyes de Troya*

Príamo — Hécuba

Héctor — Andrómaca

Astianacte

Paris (Alejandro) — Helena

Casandra

Polidoro

Polixena

3. *Edipo, rey de Tebas*

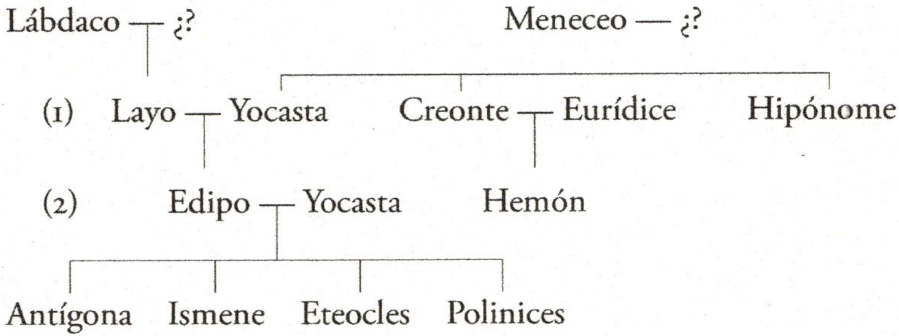

4. Cadmo, rey de Tebas

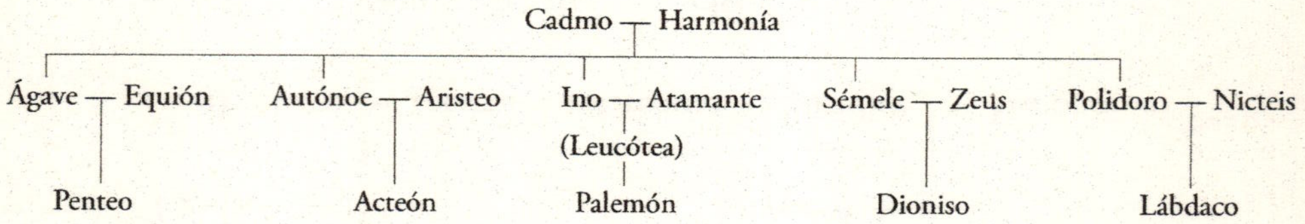

§

Este libro se escribió en el dos mil veintitrés, durante mi último año de docencia, tardes frente al ventanal del jardín aferrada a la serenidad de la luz.

Traté de rescatar destellos de belleza —quizá fueran gotas en los días de lluvia— de cada una de las historias trágicas que alguna vez nos arrasan; el resquicio imprescindible para salvaguardar nuestra esperanza. Se lo debía a los jóvenes, a todos y cada uno de los que me han acompañado durante casi cuarenta años.

Un canto a los pájaros del invierno, a su capacidad para desplegar las alas, a la confianza en el vuelo que los aguarda.

«Semejante a un pájaro
que de las manos huye»

Hipólito, Eurípides